给孩子的历史地理

唐晓峰 著

中信出版集团|北京

图书在版编目（CIP）数据

给孩子的历史地理 / 唐晓峰著. -- 北京：中信出版社，2018.1（2025.8 重印）
ISBN 978-7-5086-8255-6

Ⅰ.①给… Ⅱ.①唐… Ⅲ.①历史地理—中国—青少年读物 Ⅳ.①K928.6-49

中国版本图书馆CIP数据核字（2017）第 259839 号

给孩子的历史地理

著　　者：唐晓峰
出版发行：中信出版集团股份有限公司
　　　　　（北京市朝阳区东三环北路 27 号嘉铭中心　邮编　100020）
承　印　者：北京联兴盛业印刷股份有限公司

开　　本：889mm×1194mm　1/32　印　张：9.75　字　数：180 千字
版　　次：2018 年 1 月第 1 版　印　次：2025 年 8 月第 23 次印刷
书　　号：ISBN 978-7-5086-8255-6　审 图 号：GS（2017）2693 号
定　　价：49.80 元

图书策划：活字文化

版权所有·侵权必究
如有印刷、装订问题，本公司负责调换。
服务热线：400-600-8099
投稿邮箱：author@citicpub.com

给孩子的历史地理

目 录

序 言　　11

一　文明的空间

华夏文明，六大源地　　4
文化网络，交织而成　　15
文明核心区的显现　　19
中国的"两河文明"　　23
域外交流，三大通道　　27

二　大地域，大社会

翻山越岭的步伐　　37
五岳大坐标　　50
车轮滚滚：车与道路　　55
快马加鞭：驿传系统　　64

三　区分天下

九州，中国古代第一个大型地理分区体系　　76
五服，事实加想象　　82
分区而治　　85

县，中国人的根 91
司马迁的经济区划 95
区域认同，关中 100

四 环境天设，人文乃成

生态：一方水土，一方人文 112
人与环境的关系 120
环境是给人类预备的吗？ 122
地名与生态 127
环境的缺陷 132
古代华北平原上的湖泊 143
老虎在山林，狮子在门口 151

五 山水艺术

南朝：歌唱自然的时代 158
道教环境观 163
山水艺术 170
地理书中的名胜与诗文 176
西洋楼，西洋景 181

六 千里不同俗

司马迁的描述 191

乡音难改 195
　　四方有佳肴 205
　　南腔北调 212

七　王朝都市

　　城市与文化 222
　　中西建筑，两样手法 225
　　秦始皇的咸阳 233
　　两个长安城 236
　　生活大变的宋代城市 243
　　北京城的中轴线 250
　　帝王陵墓 260

八　地图与人

　　空间表述 268
　　中国最早的地图 271
　　地图与政治 277
　　地图不是中性的 280
　　中国地图上的长城 285
　　康熙《皇舆全览图》 289

序　言

北岛建议我写一本给孩子们读的历史地理的书。

给孩子讲一般地理的书很多，专讲历史地理的书还没有，所以北岛的建议是一个新鲜的想法。但是怎么写，却有些费心思。幸好过去几年，我曾经为地理杂志写过一些轻松的随笔，那就顺着这个路子来吧，可以再轻松一些。

这里需要先介绍一下什么是历史地理学。自打我做了这个专业，就不断有人问："什么是历史地理？是历史加地理吗？"他们接着感叹："你又懂历史，又懂地理，真不容易！"他们讲的不大对，但我们就从这里开始说起吧。

在专业上的说法是：研究历史时期的地理问题，就是历史地理学，可以研究历史时期的自然地理，也可以研究历史时期的人文地理，在学科属性上，是地理学。这其实很简单。

不过，"历史加地理"这个直观的说法也不是不能用，要看怎么加，要加得合适。比方说，卫青北征匈奴，这是历史；朔方郡、阴山山脉，这些是地理，把它们加在一起，形成了一个题目：卫青大军北征的路线。这是加得合适。再比如，唐代幽州城（在今北京），是地理；

安史之乱,是历史,这两者也可以加起来,说明安禄山起兵的位置。其实,许多历史事件都应该把地理加上,加上了,问题才完整,才更明白。如果能对历史事件、历史知识都认真地加问一个地理问题,那是个好习惯。比如读鸿门宴的故事,可以问,鸿门在哪里?背《登鹳雀楼》的诗句"白日依山尽,黄河入海流",一定要问,鹳雀楼在哪里?

当然,有些大历史事件是很复杂的,那么与其相关联的地理问题也是很复杂的。比如王安石变法,这个变法不是只在朝堂上做纸上文章,还要推到社会上去,于是地理问题就来了。王安石的新法,有些是要依照地区因地制宜的,不可能全国都一样。比如方田均税法,能全面实行的不过是五个地势平缓的路("路"是当时一种行政管理的区域),而均输法也只限于经济发达的东南六路。当时有很多人反对变法,也从地理上挑剔王安石。比如王安石要利用洪水淤田,反对派就问:那淤出的土田薄厚不均怎么办?王安石支持把湖水排干扩充田地的办法,反对派就挖苦讽刺说:那还要另开一个湖泊存水哟!(意思是,这边把湖水排干得了田地,那边又把田地淹水变成湖泊,这不是跟原来一样嘛。)大大小小的地理问题在历史中差不多是无处不在。

再介绍一下地理问题的研究特点。人们常用"地理知识"来理解地理学,好像地理就是知识。其实,地理不光是知识。地理这个词中还有一个"理"字,地理还要讲道理。什么是地理中的道理?这是很复杂的问题,但有一条很重要，简单说，就是能判断地利与地不利。诸葛亮与马谡虽然都有关于街亭的地理知识，但对地利的判断不一样，结果大为不同。

另外，地利是复杂的，不是永恒不变的。比如：西汉的首都长安在关中，东汉却把首都改在了洛阳。当初刘邦也想把首都放在洛阳，但是张良把关中的地利一说，刘邦就变卦了。可刘秀为什么就不认同当年张良说的地利了呢？而到了隋朝、唐朝，又把首都放在了长安。他们变来变去的原因是什么？要把这个地理问题讲明白，就不是几句话的事情了。

最后再说一点，地理的问题都在地上吗？回答：地理的问题离不开地，但不是都在地上，还有一部分在人的脑子里。例如"街亭军事地理"这个问题，一部分是街亭的地貌地形，而另一部分，而且是更关键的部分，是在诸葛亮与马谡的脑子里。再举一个例子，修建城市，中国人喜欢修成方形的，可欧洲历史上的大城市却没有方的，这里面的原因不在地上，也不是技术问题，而是思想问题。欧洲人一般不认为城市应该有一个整齐的轮廓，即使要有，也不是方的，而是圆的，文艺复兴时期的理想主义者们，就设计过圆形城市。而古代中国人相信天圆地方，只有修建代表天的建筑时，才采用圆的形状，比如北京的天坛。

简单说，大地之上、环境之中的事物形形色色，是地理素材，须要由人脑提炼成系统的知识，再用知识总结出道理。人脑在这个过程中是要费一番气力的。在地理学研究中，关注人脑这个部分的，属于地理学思想研究。

这本书里的内容，是历史地理知识与道理（包括思想）的结合，为的是帮助读者从历史的角度认识我们脚下的这片大地，以及祖先与这片大地的关系。哪些是知识，哪些是道理，怎样用知识安排出道理，希望读者判断。如果能够把我说的东西加以修正、延伸、提高，那就更好了。

这本书的编写工作，不是我一个人做的，地图是由刘梅、吴艳辉、刘晶、赵欣帮助编绘的，孙伟忠、汪家明、秦岭提供了一些珍贵的照片，老朋友周尚意、李心宇、辛德勇也来帮忙。没有他们的协作，这本书是出不来的。

唐晓峰
2017年2月16日于五道口嘉园

一 文明的空间

从地理学的视角观察文明发展这件大事，就是要从空间上进行认识，识别出文明的核心区和文明的地理范围。形成文明的核心地区，可以称为文明的摇篮。文明摇篮在孕育文化的时候，一方面是依靠本地原生文化要素的发展，另一方面是对四面八方文化要素的吸纳。

文明核心区还有一个特点，它不仅吸纳四方的文化要素，也具有向四方传播文化要素的发散力量。它是动态的文化核心区。

在中国，一般的说法，黄河中下游地区，主要是陕西中部、山西南部、河南北部、山东西部这四省横向（东西向）接续相连的地理区域，就是华夏文明的摇篮。

华夏文明，六大源地

我们一般说黄河中下游地区是华夏文明的摇篮，这是指文明初期发展的情形。如果再向早期追溯，这个摇篮又是由多个更早的原始文化源地共同凝聚而成的。在地理空间中，有一个从分散到集中的历史演变过程。

这是新石器时代的文化区域分布图（图1.1），可以算作我国最早的一幅宏观人文地理地图。

图上表示的是六个新石器时代文化地区的分布形势。这六大地区是考古学家苏秉琦（中国现代考古学家，1909—1997）总结出来的。它们分别是：以燕山南北长城地带为中心的北方地区；以关中（陕西）、晋南、豫西为中心的中原地区；以山东为中心的东方地区；以环太湖为中心的东南部地区；以环洞庭湖与四川盆地为中心的西南部地区；以鄱阳湖—珠江三角洲一线为中轴的南方地区。

在新石器时代，即在华夏文明形成之前的那个遥远的时代，在这六个地区，都有了不起的原始文化成就，它们有不同的背景（生态条件），不同的前景（向文明进化的程度），但最终共同融入了华夏文明。就自身来讲，它们是自成系统的文化区域，但就华夏文明的大局

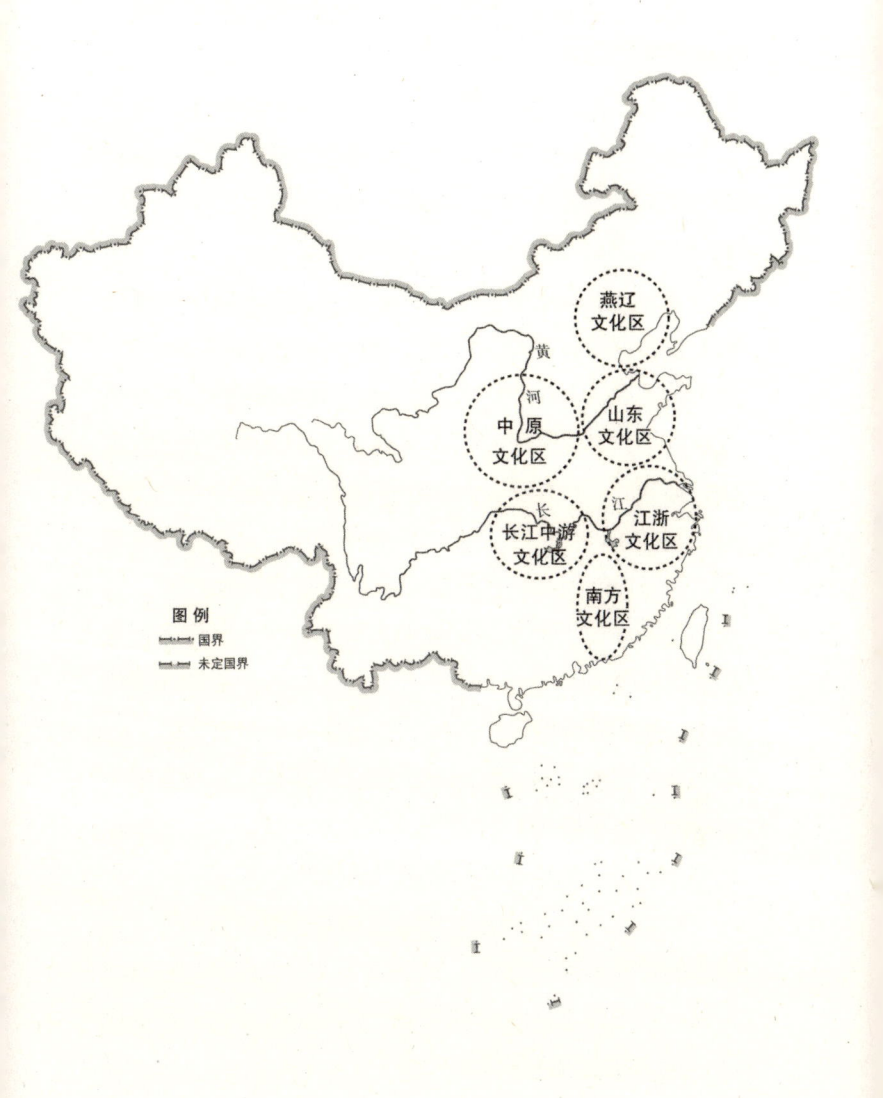

图1.1 考古学上的六大原始文化区示意图

来讲，它们又是基础性的文化源地。

在东北地区最著名的原始文化是红山文化，红山文化代表的是五六千年前已经从事简单农业生产活动的人类群体，他们建筑村落，种植庄稼，饲养牲畜，还从事艺术活动。红山文化中有很精美的玉器，有的玉器被雕刻成龙的形状，不过龙的嘴像猪嘴的样子，人们叫它"猪龙"。（图1.2）

龙为什么会有猪嘴？或许在历史上东北这个地方的人比较重视猪，关于这一点，有一早一晚两头的证据。猪龙是早期证据，晚期的证据见于满族的习俗。满族重视猪，有用猪祭祀的高等级典礼，清朝皇宫里面还有煮猪做祭祀活动的大锅（在坤宁宫）。这只是一个推测。不管怎么样，猪在当时一定具有特殊意义，所以在早期龙（神圣性的动物）的形象上出现了一个猪嘴。

在黄河中下游地区的原始人群的文化也已经发展到了很高的程度，他们可以修建较大的村落，制作美丽的彩陶。我们熟知的这一地区的考古文化有仰韶文化、庙底沟文化等。在河南濮阳的一座原始墓葬中，曾发现龙与虎的图形（图1.3），那是由贝壳拼成的。这一图形让我们想到后来在华夏文明中盛行的青龙白虎。

在这个地区，还有一个时代稍晚的考古学文化，它代表的是原始社会晚期，或者说是文明社会初期的文化面貌。在地理上，这个文化以山西省襄汾县陶寺村为中心，所以称为陶寺文化。

看一下图1.4，这是一个深盘，或者浅盆，叫盘子

图1.2 猪龙

图1.3 在濮阳地区发现的原始墓葬中的龙虎图形

图 1.4 陶寺遗址出土的龙盘

图 1.5 北京大学震旦古代文明研究中心标志图案

深了一点儿，叫盆浅了一点儿，不管怎样，它是一件容器。这件容器是先民在 4000 多年前使用过的，就出土于陶寺遗址。如果是单纯的容器，没有什么可注意的，但这件容器上有一幅图案，所以，它可以用来盛食物，但又不仅仅是盛食物用的，实用器上画了一些东西，就增加了它的文化内涵。

上面画的东西像蛇，考古学家宁愿叫它龙。如果真是龙，意义就很大了。我们知道，龙的符号在中国古代文明中很重要，考古学家推断它是中国龙的起源图形之一。原始时代的龙，在别的地方也有，上面说过，在东北的红山文化中也发现像龙的造型。

在陶寺遗址发现的龙的图形很受重视，它已经成为中国早期文明起源的符号。北京大学震旦古代文明研究

图1.6 陶寺遗址发现的早期石磬

图1.7 后来的石磬做得很精美

中心的标志（logo），就是这个龙盘。（图1.5）

在文明起源问题的研究上，陶寺遗址的确很重要。在那里还发现了早期的石磬，（图1.6）虽然很粗糙，但毕竟是件礼器，所以意义很大。我们知道，后来强盛起来的华夏文明又叫礼乐文明，石磬就是"乐"的重要器具。后来的石磬做得越来越精致。（图1.7）

再看一下山东地区。山东地区有一支具有特色的原始文化，称为大汶口文化。看这个图形（图1.8），它好像是由日、月、山组成的图案。它有什么含义呢？考古学家做过很多推断，比如可能是祭祀太阳的符号，古文字学家推测它是早期的旦字。

如果它真是取自日、月、山三样自然物的话，那么它们的组合方式却不是自然的。在自然界，这三样东

一 文明的空间 9

图1.8 大汶口文化中刻在陶器上的"日、月、山"图形

西不会出现这样的关系，至少太阳和月亮不会这样套在一起，这种组合方式是人的创造，是人的脑力把自然界的东西做了重新拼合，所以它象征着人对自然界的一种理解。它的具体含义是什么？我们很难有一个明确的说法，但它至少表示了一种对日、月、山的崇敬心理。对日、月、山的崇敬，特别是对高山的崇拜，是后来华夏地理文化的重要特点。

在洞庭湖一带，或者说是今天的湖南、湖北地区，有一支著名的原始文化，称作屈家岭文化，那里曾发现稻作农业、建筑遗址、古城址等。在四川则发现有大溪文化，它代表的是另一个原始人群。但是屈家岭文化与大溪文化

图 1.9 浙江河姆渡遗址原始房屋复原模型

是有联系的,学者们还在讨论它们之间联系的具体内容。

在东南方,杭州附近的良渚,是一个大面积原始文化体系的核心之一。这一系原始文化主要分布在太湖周围以及附近的平原地区,从地理上表述,这是一个环太湖文化区。这个地区自成一个单元,其自然环境与北方不同。看一下当时的水上房屋复原图(图1.9),这个房子是考古学家根据遗址复原出来的,有适应潮湿多雨的生态环境的特点。

这里的人们制作了这样一种造型独特的玉器——玉琮。(图1.10)这类器物在良渚文化中大量出现,它是做什么用的?是生活、生产用具吗?不像,它是一件衣、

一 文明的空间 11

图 1.10 玉琮

食、住、行都用不着的东西。它的基本原材料是玉石，大的外形尺寸可以达一二十厘米，小的跟一个拇指那么大。它的基本形状是外方内圆，外面看是方形，里面有圆洞贯穿上下。当时的人们反复不断地、不厌其烦地做同样形状的东西，可它又没有实用的衣、食、住、行的功能，这引起考古学家的注意。

它的形状是这样一种固定的形态。不难推断，固定的形态一定包含一个固定的思想含义。它应该是表达特定意识形态、特定信仰的一种器具。关键是，那是什么信仰？一些考古学家根据文献资料做大胆的推断，认为它代表天圆地方的信仰，外面是方的，里面是圆的，象征天圆地方。

学者们普遍认为，在名称上，这件器物可与文献中的琮对应。当然，在良渚文化的时候，原始人是不是一张口就念出"琮"来，那就不知道了。"琮"多半是后来的称呼。这类器具是不是真有天圆地方这样伟大的含义，很难确认，这只是一种推断。当然，知道它真正的文化内涵的，最有资格的是当初的先民，考古学家遇到难题时，恨不得让墓葬中的先民能起死回生。

不过，这件器物包含某种比较普遍的观念，应该不会错，否则不会做那么多，也不会把它摆在神圣崇高的位置。玉琮后来在华夏文化中常常可以见到，人们的确用它来祭天礼地。它成为华夏文化中一项具有特殊意义的物品。

阅读窗
文明源地崇拜

一个文明或文化在某地发源，如果它长期发展，中途没有消亡，那么它的源地会以传说的形式，或史诗的形式，或族谱记载的形式，被长期保留在群体记忆中。这个源地，像他们的英雄先祖一样，会转化为神圣的、被崇拜的对象，成为圣地。

作为圣地，其性质已不仅仅具有自然属性（或者优越，或者艰苦的自然环境），还被赋予了道德属性，上升到文化的高层。它们是文化地理考察的重要对象。一个本来普通的地方，由于是文化源地而会发生意义上的质变。古代这样的事例很多，在我们生活的当代也有，比如，井冈山、延安，它们是20世纪的革命圣地，因为在那里诞生了新的更有力量的文化，左右了中国历史的进程。这样的文化源地当然不得了。

远古的关于文化源地的事例已经无法知道了,下面举一个中古时期的例子。

在中古时期,中国北方有个很强大的民族——鲜卑。鲜卑本来很小,但吞并一些族群之后变得强大。鲜卑人本来的基地在兴安岭,壮大之后,辗转大漠,远徙中原,建立了强大的北魏王朝,在中国文化史上留下重要的痕迹。他们先后在大同、洛阳修建过伟大都城(今天两地仍保存他们开凿的云冈石窟、龙门石窟)。

鲜卑人强大以后,并没有忘记自己的文化源地,没有忘记兴安岭山地。北魏王室曾派遣使者返回东北深山密林,去拜祭民族起源的圣地。在那里,有一个"旧墟石室",即山洞,被鲜卑人(拓跋部)尊为祖庙。据《魏书·礼志一》记载,公元443年,鲜卑使臣曾在洞中留有祭祀圣地的题刻。今天,经考古学家调查,山洞被发现,石壁上果然刻有文字,与《魏书》中的记载大体一致。这个山洞叫嘎仙洞,嘎仙洞的发现证明了历史记载的真实性。

北魏当时的都城平城(大同)距离这处圣地十分遥远,但祭祀行为依然隆重,说明这个山洞对于鲜卑人来说,有至高无上的意义。这是一个真实的圣地的故事。

在中国很多民族的史诗、风俗活动里面,常常提到圣地,有的民族在丧礼中对死者唱歌,祝愿死者的灵魂能返回圣地。

文化网络，交织而成

华夏文明的发展，很早就出现了一个大范围的文化融合。进入大融合的时代，各地的文化会重新定位。著名考古学家张光直（哈佛大学人类学教授，1931—2001）认为，距今五六千年前，各区原始文化间的接触带已经形成，也就是说，融合已经起步。考古学家的发现显示，在龙山文化时代，开始出现了大范围的文化相似性。

张光直是这样说的："假如我们将大约公元前7000—前6000年期间、公元前5000年和公元前4000—前3000/2000年期间的新石器时代文化和它们的地理分布比较一下，我们便会发现一件有意义的事实：起初，有好几处互相分立的新石器时代文化，我们实在没有什么特别的理由把这几处文化放在一起来讨论——我们所以把它们放在一起来讨论是有鉴于后来的发展，但在公元前7000年时并没有人会知道这种情况的。后来，在公元前5000年左右，有新的文化出现，而旧有的文化继续扩张。到了约公元前4000年，我们就看见了一个会持续一千多年的有力的程序的开始，那就是这些文化彼此密切联系起来，而且它们有了共同的考古上的成分，这些成分把它们带入了一个大的文化网，网内的文化相似性在质量上说比网外的为大。到了这个时候我们便了解了为什么这些文化要在一起来叙述：不但它们的位置是在今天的中国的境界之内，而且因为它们便是最初的中国。"(《中国相互作用圈与文明的形成》，载张光直：《中国考古学论文集》。)

按照张光直的比喻，华夏文化是一幅很大的文化网，它是由各个地方的原始文化"编织"而成。编织，就是交流、融合。融合之后，出现了高一级的整体性的文化，这就是早期的华夏文明。

考古学家苏秉琦作过一首诗，就是表达中国北方在新石器时代文化交流的情形：

华山玫瑰燕山龙，大青山下斝与瓮。
汾河湾旁磬与鼓，夏商周及晋文公。

在这首诗中提到这样几个地方：陕西的华山、华北的燕山、内蒙古的大青山、山西的汾河。在这些地方，分别诞生了新石器时代重要的文化要素：彩陶上的花形图案、玉龙、特型陶器（斝、瓮）、礼器（磬、鼓），它们交流汇聚，共同形成了夏商周——华夏文明的代表者的文化基础要素。诗最后提到的晋文公，是在山西立国的古晋国最有名的国君。因为苏秉琦是为山西召开的考古学会议所作的诗，最后用晋文公呼应了一下华夏文明在山西的历史。

上面的诗中提到了特型陶器斝与瓮，其实还有一件

图 1.11 陶鬲

形态怪异的新石器时代特型陶器，它可以说明各地文化逐渐出现共同要素的情形，这就是鬲。（图 1.11）

陶鬲是中国古代特有的一种炊器，样子像三个口袋扎在一起。有考古学家推测，鬲是由一个罐子和三个尖底瓶拼合起来而形成的器物。（图 1.12）

这种器型的好处是：三个脚，站得稳，放在火上煮食物时，它的受火面积也特别大，效率会很高。当然，在制作鬲的时候会有一点麻烦，试想，用泥巴粘捏出这个样子，然后再放在窑里烧，该需要怎样细致稳健的手法。

鬲这种器物在中国古文明中延续使用了很久，分布的地域也很广。发现过陶鬲的省份很多，有辽宁、河北、北京、山西、内蒙古、山东、江苏、安徽、江西、湖南、湖北、河南、陕西、甘肃、宁夏等等，真可以说是纵横

一 文明的空间　17

图1.12 陶罐与尖底瓶

数千里。我们说在很大的地理范围内出现文化共同性，鬲就是一个证明。

考古学家苏秉琦说，鬲可以看作中国古文明代表性的化石。这种形态奇特的器物，在别的文明中，根本没有。

鬲自从在新石器时代出现，一直存续了几千年，据《孔子家语·致思》的记载，在春秋战国时期，鲁国还有人用"瓦鬲"煮食物。瓦鬲就是陶鬲。

学者们形容说，用鬲这种陶器，再加上其他陶器的组合，就可以破解出中国远古文明的秘密，看出许多问题，其中就包括大地域文明的范围问题。鬲起源于四五千年前的新石器时期，绝迹在公元前5至前4世纪之间，历时差不多相当于中华古代文明的一半岁月。鬲是中华文明的"元老"，见证过中华古文明史漫长的早年历程。

文明核心区的显现

随着历史的发展,有一个地区的人们,无论在生产水平、社会组织还是思想文化上,其前进的速度都超越了其他地区的人们,这个地区逐渐成为华夏世界最先进的地带。于是,文明核心地带出现了。这是一个狭长的地带,横贯我国中部,它西起陕西宝鸡,东达山东曲阜,中间包括西安、洛阳、偃师、郑州等地。

这个地带包括黄河的三条重要支流所连贯的谷地,这三条支流是:渭河、汾河、洛河(河南)。(图 1.13)一般所说的华夏文明起源于黄河流域,其实主要是在这些支流的两岸。在这些支流的两岸,发现了大量的考古遗址,展示了远古时期的人们在大自然中奋力开创生活的景象。

更重要的是,在这个地带,产生了最早的国家组织。国家组织的出现,是原始时代进入文明时代的重要标志。国家组织对于文化的凝聚、推动、发展具有更强大的力量。而国家的中心,就是文化的中心,这是黄河流域成为华夏文明核心区的真正含义。

在黄河流域发展起来的国家组织,最早的是夏朝,随后是商朝、周朝。经过夏商周三代,华夏文明达到了

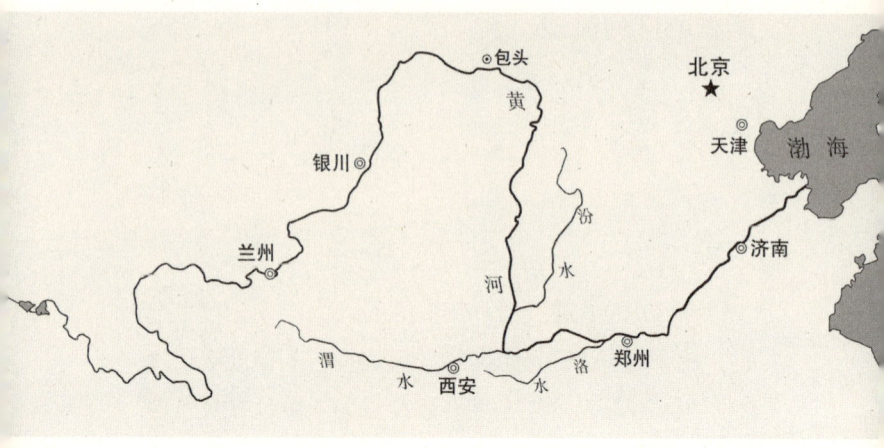

图 1.13 黄河中下游的重要支流：渭河、汾河、洛河（河南）示意图

高度辉煌的水平，文明之光开始在世界的东方闪耀。

随着国家政治威权的不断强大，黄河流域在文化上的融合力、影响发散力也不断加强，原来的六大原始文化区，先后被强势的华夏文化所覆盖，并逐渐结成一个大型的文化综合体。

在我国历史地理中，有三大都城密集区，它们是：关中盆地、洛阳盆地、北京小平原。其中每一个地区都曾诞生过四个以上大型王朝的都城。而关中盆地、洛阳盆地是前期历史的两个都城密集区，正是它们构成了早期文明核心地带中最重要的内容。

为什么这个地带会成为华夏文明最先进的地区？这主要是由两个方面的条件促成的，一个是自然环境方面的，一个是人文环境方面的。

谷子（粟）　　　　糜子（黍）

图 1.14

在自然环境方面，这里是我国温带季风气候带的南部，降雨、气温、土壤等条件都可以满足旱作农业的需求。中国北方的古代农作物，主要是一年生的粟（谷）和黍。（图1.14）黄河中下游的自然环境为粟黍作物的种植和高产提供了得天独厚的条件。农业生产的发达，会促进整个社会经济的发展，从而推动社会的进步。

在人文环境方面，这里是南北方、东西方大交流的轴心地区。在最早的六大新石器文化分布形势图中可以看到，中原处于这些文化分布的中央地带。无论是考古发现还是历史传说，都有南北文化长距离交流、东西文化相互碰撞的证据。中原地区在空间上恰恰位居中心，成为信息最发达、眼界最宽广、活动最繁忙、竞争最激烈的地方。正是这些活动，推动了各项人文事务的发展，

一　文明的空间　21

文明的方方面面就是在处理各类事务的过程中被开创出来的。

在华夏文明综合体的发展中，我们还看到更大范围的文化融合现象。有些重要的文化特质来自更遥远的地区。例如西北部的大草原和绿洲地带都是文化通道，中亚的一些文化要素很早便传到中原，形成华夏文化的基本内容。

中国的"两河文明"

近几十年来,在长江流域发现了不少重要的新石器时代、铜器时代的考古遗址。于是,有人借用一个老词儿,称中国的上古历史是又一个"两河文明"。

中国的"两河",比原来常说的"两河"即西亚的幼发拉底河与底格里斯河,要长得多大得多,两岸也辽阔得多。中国的"两河文明"需另有个说法。

幼发拉底河与底格里斯河在历史上由苏美尔等古老文明发祥,两河合力浇灌,从而养育出灿烂的文明成就。两条河在人文发展上有明显的"一体化"特点。

中国的黄河、长江,在养育早期文明方面,很难说有过一体化。两条河流距离遥远,黄河流域的仰韶文化、龙山文化与长江流域的新石器文化不同,是两大类各自成长的原始文化,互不统属。即使到了铜器时代,黄河流域与长江流域的政治关系也不是那么清楚。最早在什么时候开始共尊一个王权,还是个尚待研究的问题。不过显而易见的一点是,黄河、长江的统一比西亚那"两河"的统一要难得多,也伟大得多。

在中国早期国家阶段,所知力量最大的王权,即夏朝和商朝,都在黄河流域。黄河流域的夏王权势力是否

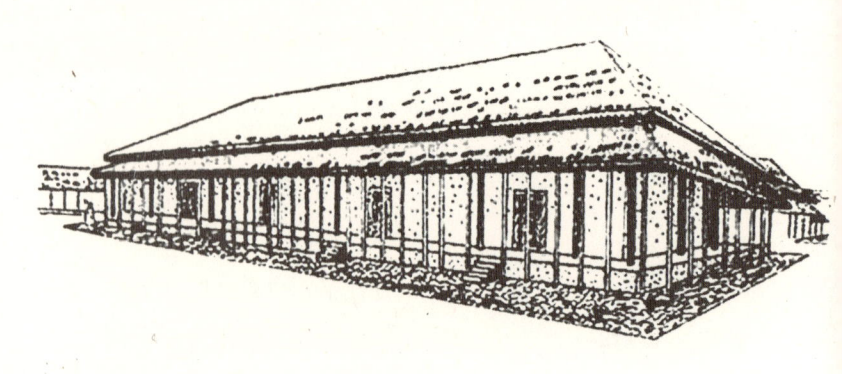

图1.15 盘龙城遗址商代建筑复原图

曾到达长江流域，历史学家对此多抱怀疑态度。商朝的势力到没到过长江，本来也是否定的人多，赞成的人少，但是最近几十年来的考古发现提供了一些有利于赞成派的观点，问题开始变得有趣。

首先是1974年湖北黄陂盘龙城商代遗址的发现，所发现的各种铜器、陶器的风格与郑州商朝都城遗址的相同。根据这些实物证据推测，很可能是黄河流域商朝的一支贵族率人来到这里筑城定居。（图1.15）如果这位贵族不是偶然来到这里，而是履行商王的一项部署，那么我们可以说黄河流域商朝的王权到了长江。

盘龙城遗址的文化要素构成与商朝核心区（即北方今郑州一带）的文化要素构成基本一致，只不过盘龙城遗址的范围小很多。在北方核心区与盘龙城之间的辽阔地带（这个地带可不小），并没有看到商文化一步一步

图 1.16 铜岭铜矿遗址碑

传过来的痕迹。说明这是一个跨越式的远距离殖民，这样的殖民应该是有目的、有计划的。

如果说盘龙城商朝据点的建立具有政治意义，则必须有更实际的经济、军事或信仰的原因，才站得住脚。无端的跨越遥远空间的领地扩张，是不应该存在的。

考古学家注意到，在长江流域，又不断有铜器时代的重要遗址发现，犹如浓彩重笔勾勒出长江流域的铜器文明，最有名的当属江西瑞昌铜岭、湖北大冶铜绿山的古铜矿遗址。（图 1.16）

以文明特征而论，商朝的铜器文化十分发达，有着各色各样的青铜工具、青铜武器，而大型精美的青铜礼器更是令人赞叹。不用说，铜矿是商朝格外重视的资源。那么，从历史地理的角度推断，他们不惜千里之遥，来到长江之滨安营扎寨，以强大的实力做后盾，目标很可

一 文明的空间

能是要获取长江流域的铜矿资源。

从长江流域的早期铜矿遗址情况看，当时人们的开矿技术已经有相当水平了，只是这些技术并没有被文字记录下来。同样，商朝人控制铜矿的战略行为也没有被记录下来，是考古学家发现了这件事。

经济的需求（铜矿）导致政治行为（诸侯据点），在理论上没有问题，在史实上也很有可能，也许黄河与长江的政治结合就是这样开始的。

域外交流，三大通道

一般认为，历史上的中国，在地理上相对封闭。中国古代的地理环境的确有这个特点，但封闭不是绝对的，中国的文明史，离不开对外文化交流，既有向外传播的文化，也有从外面传入的文化。从宏观来说，中国古代对外文化交流有三条路：草原之路、丝绸之路、陶瓷之路（又称海上丝绸之路）。

草原之路这个名字，与丝绸之路、陶瓷之路不一样。它是用什么来形容的？用地理环境。说丝绸之路，却不是用环境来形容的，不可能由丝绸铺出一条路，人们在上面走，它是用交易的主要商品丝绸来形容的。说海上的陶瓷之路，也是说海船上装了很多交易的陶瓷商品。当然，船上的货物实际上还有很多种，不光是陶瓷，说陶瓷之路，只是选出一样比较美好的东西来象征它。运丝绸的骆驼，除了驮着丝绸，也还驮有别的东西，比如大黄、花椒，但我们从来不叫"花椒之路"，不好听。海船上，历史记载也有大量铁锅，但我们从来不叫"铁锅之路"。

如果突出地理学的知识背景，我们还可以用地理环境的办法来描述这些道路，它们分别是：草原之路、绿洲之路（选择走绿洲，不得已才会走一段沙漠）、海上之

图 1.17 草原上的古代石雕人像

路。这样可能更清楚一些。海上之路当然是乘船走的。

草原之路,可能听说的比较少,实际上草原之路在华夏文明,甚至东方文明的发展中,具有特别重要的意义。所谓的草原之路,就是指在欧亚大草原上形成的通道。我国北方有蒙古草原,往西去,草原地带延伸得很远,一直可以到黑海北部。这样一个辽阔通畅的草原地带,在古代是一个重要的商业与文化的交流通道,有许多"胡贾"活跃在那条漫长的道路上。

很多事情因为时代太早,早得越出了我们的记忆范围。实际上,有很多重要的东西是沿着草原之路从西方传过来的。比如绵羊,在我们生活中特别重要。养羊,不是为了干活，没见过用羊干活的。干活的是牛马。羊主要给人类提供生活资源，可以管吃，可以管穿，也可以管住（毡帐）。饲养羊的技术就是沿着草原之路（也包括绿洲之路）进入中国的。我们仿佛觉得绵羊是土生土长的，其实不是。它是非常重要的古代文化交流的成果。

石雕人像，在中国早期历史中没有这种东西，中国文化不提倡给人做雕像。佛像属于传入文化，他们是佛，不是世俗的人。皇帝陵墓有文武官员的像，叫翁仲，没错，但仅此而已。陵墓的雕像也不是中国原生的东西，是跟草原上的民族学来的，欧亚草原民族有竖立石像的传统。（图 1.17）据学者们的考证，中原出现石像，可能是直接学自匈奴。两千多年前，北方草原上有一个很强大的民族匈奴，秦汉时代，中原王朝和匈奴作战，缴获过匈奴的祭天金人（金属人）雕像，大约受到这类事情的影响，雕像这种东西才开始在中原文物中出现，不过，也谈不上是大量流行。

绿洲之路，就是我们平常说的丝绸之路。丝绸之路的路线主要是从西安沿着河西走廊，过敦煌，出阳关、玉门关，再沿着塔里木盆地的两个边缘向西延伸。在这条道路上，是一个绿洲接着一个绿洲，旅行者尽可能在绿洲中穿行。找不到绿洲了，才不得不走沙漠。许多绿洲中都有城市社会，大小不等。它与北面的草原社会不一样，是农业定居社会。只是那些绿洲太小了，否则会和华夏农业社会有很多类似的地方。

在绿洲之路的物品往来交流中，除了著名的丝绸向外传播，其实还有更重要的东西，也是通过这条线路传播到中国的，它就是冬小麦。小麦并不是中国原生的东西，它是沿着绿洲之路，在很早的时候传到中国的。这个功劳大不大？非常大。现在一半以上的中国人离不开小麦。

海上之路，又称海上丝绸之路，它曾经被称作海上陶瓷之路，因为在船运的商品中，陶瓷是最大宗的。但是又觉得丝绸之路的名字更响亮，是人们已经习惯了的中外交通路线的象征性名称，所以干脆称为海上丝绸之路。

海上丝绸之路的特点是尽可能沿着海岸走，在没有必要的情况下，尽量不去穿越那个望不到大陆的海洋深处。很多日常的短距离交流，只需要一段一段地进行，沿着海岸线走比较安全，当时船的能力也只能这样。这样的航海历史很早就开始了。

到了宋元时期，海上贸易交流已经十分发达，大量陶瓷远销南亚地区。考古学家在南海地区包括东部沿海地区发现了大量的古代沉船，据初步估计有2000多艘。前些年有一艘古代沉船被用科学方法打捞上来，定名为"南海一号"。它被整体保护固定（用一个巨型箱子），抬出水面，拉进博物馆，考古学家在里面一点点清理船上的遗物。我们的海洋考古已经起步，以后会有越来越多的陶瓷之路的遗物被发现。

阅读窗

不响的马铃

马铃薯，属于茄科植物，下面的块茎可供食用，是全球第四大重要的粮食作物，仅次于小麦、水稻和玉米。在中国，马铃薯又称土豆、山芋等。

马铃薯原产于南美洲安第斯山区，人工栽培的历史可追溯到大约公元前8000年到前5000年的秘鲁南部地区。

"地理大发现"之后，马铃薯被欧洲人发现并带回欧洲种植。开始，人们只是欣赏它的花朵，后来发现，马铃薯不仅可以烤（煮）熟了直接吃，还可以磨成面做面包。高兴的欧洲人开始了大面积种植。

马铃薯什么时候传入中国，还不清楚。但至少，在徐光启生活的时代已经传入中国，因为徐光启（1562—1633）所写的《农政全书》中有"土豆"这个东西。书里面是这样说的："土芋，一名土豆，一名黄独。蔓生叶如豆，根圆如鸡卵，内白皮黄，可灰汁煮食，亦可蒸食。"根据描述，这个土豆就是马铃薯。徐光启不是种土豆的，既然土豆已经被他知道了，说明它在农田里已经比较普及了。

马铃薯进入中国以后，人们发现它很适合在原来粮食产量不高的北方种植，这真是令人喜出望外。内蒙古、河北、山西、陕西的一些寒冷地区，原来只能种植莜麦，马铃薯（还有玉米）的传入，一下

图1.18 马铃

子改善了这些地区粮食作物生产的局面。尽管社会上层人物对马铃薯并不喜欢，它主要还是下层百姓的食品，但毕竟对中国人的食物补充，进而对人口增长，起到了重要作用。

马铃薯还有一个特点，收获以后，有一个生理性自然休眠期，长时间内不会发芽，这算是一种对不良环境的适应性。利用这个特性，人们可以把它贮存到来年青黄不接的季节。

马铃薯是它的正式的名称，或者说是书本上的名称，"土豆"则是我们日常生活中用的名字。但为什么书本上要叫马铃薯呢？据说是因为中国人刚见到它时，看它的个头、样子都像马脖子上挂的铃铛（图1.18），所以就称它为"马铃薯"了。当然，这个马铃永远不会响。

二 大地域，大社会

中国古代文明是大地域文明，是在辽阔的疆土之上融合缔造、壮阔发展，因而呈现独特的、复杂的大地域地理特征。

在数千年以前，一方面，我们祖先中的思想家们创造了"九州""五服""五岳"等气魄宏大的天下观念。另一方面，由一批政治家所率领的社会实践者，具体地完成了建立有效的大地域社会机制的国家。在这些方面，中国与其他一些小地域的文明很不一样。"大地域"的概念是理解中国古代文明的关键之一。

传说时代的上古帝王们是华夏文明开基创业的代表者，在他们的传说成就中，几乎没有例外地包含着处理大地域问题的丰功伟业。按《史记·五帝本纪》记载的顺序：

"人伦初祖"黄帝曾"抚万民，度四方"，他的活动范围"东至于海，登丸山，及岱宗。西至于空桐，登鸡头。南至于江，登熊、湘。北逐荤粥，合符釜山，而邑于涿鹿之阿"。这已经展示了一幅辽阔画面。

后面的帝，一个接一个，也是同样。

帝颛顼"北至于幽陵，南至于交趾，西至于流沙，东至于蟠木"。

二 大地域，大社会

帝喾"溉执中而遍天下，日月所照，风雨所至，莫不服从"。

帝尧"百姓昭明，合和万国"。

帝舜则更像是实行了大地域一统措施的帝王，他巡狩天下，"同律度量衡"，变四方，令"天下咸服"。

到了大禹，平水土，置九州，更是我们的文明在大地域上确立的神圣象征。

上面这些传说虽然不是可以证明的确切历史，但其中反复表达的大地域观念，则反映着文明的这种特征。皇帝称"天子"，领土称"江山"，只能发生在大地域的帝国。

"地东西九千三百二里，南北万三千三百六十八里……汉极盛矣。"这是《汉书·地理志》里面形容的汉朝疆域。汉朝这么大，为了弄清楚历史，司马迁跑遍了大地，他西至空桐之山，北过涿鹿之野，南浮江淮，东渐于海，上会稽，探禹穴，涉大漠，登龙堆。他是在一个辽阔的地理空间内，观古今之变，究天人之际。

翻山越岭的步伐

　　华夏文明是怎么大起来的？

　　展开一幅中国地图，你会看到许多山脉，纵横分布在中国大地。这些大山曾经是早期人类发展的障碍。但是华夏祖先们并没有被这些大山挡住发展的视野。征服高山、翻越高山，把高山变成自己的领地，令高山也闪现文明的光芒，这是中国独特的历史地理。不懂高山文化，就不懂得中国。

　　高山是中国人的负担、挑战，也是中国人的资源、财富。

　　饱览过中国名山，再去美国科罗拉多大峡谷，不会再发出惊叹。美国导游说，有三分之二的中国游客对美国大峡谷的景色，并不以为然。中国人曾在华北上过太行山，在陕西河南登过秦岭，还有黄山、泰山、张家界，这些壮观的高山景色，并不比美国的大峡谷差，更不用说青藏高原了。所以，中国归来不看山。

　　中国的山脉资源丰富，千姿百态，世面广大，中国的大地域文明，就是随着一条条山脉被翻越，而一步步形成的。

　　在中国历史的初期，拿下太行、秦岭、中条这三个山脉是关键。太行、秦岭两大山系在中原对接，其间为函谷隧道，是中华的咽喉。函谷关两边是关中盆地与洛阳盆地，都是华夏文明的核心区。（图2.1）

夏代还小，也拿下了中条山。商人从东向西，没有完全拿下太行、中条。周人反向发展，在关中崛起，步步东进，终于东出函谷，地接东西，实现了"普天之下，莫非王土"。

山脉雄伟高大，以人之渺小，望山之高大，没有不折服的。人们在仰叹"危乎高哉"之外，做得更实际的事，是要低头寻出翻山的道路。远古文献《山海经》中开列了许多山头，但讲的都是祭山，没有交代翻山的路径，并不实用。《禹贡》这部文献就不同了，讲山水穿行，"随山浚川"，很有实用价值。

在历史发展中，面对高山，翻山比登山重要。能在大山之间自由穿行，才是人对山地的真正征服。征服了大山，会有不同的结果，不同的意义。有一种进山、翻山行为，不是为了砍柴、打猎，而是为了完成文明大业，这是历史学家最重视的价值。

考古学家发现，距今约4000年前，我国有一个发达的人类群体文化，以典型遗址所在地（河南偃师二里头村）命名，称二里头文化。二里头文化中已经有铜器、宫殿等，其社会应当进入了早期国家形态。按照时代与地域特征，许多学者推断，二里头文化应该就是夏代的遗存。我们注意一下二里头文化的地理特征，它的分布范围虽然不大，却跨越了中条山的南北两面。这个地理

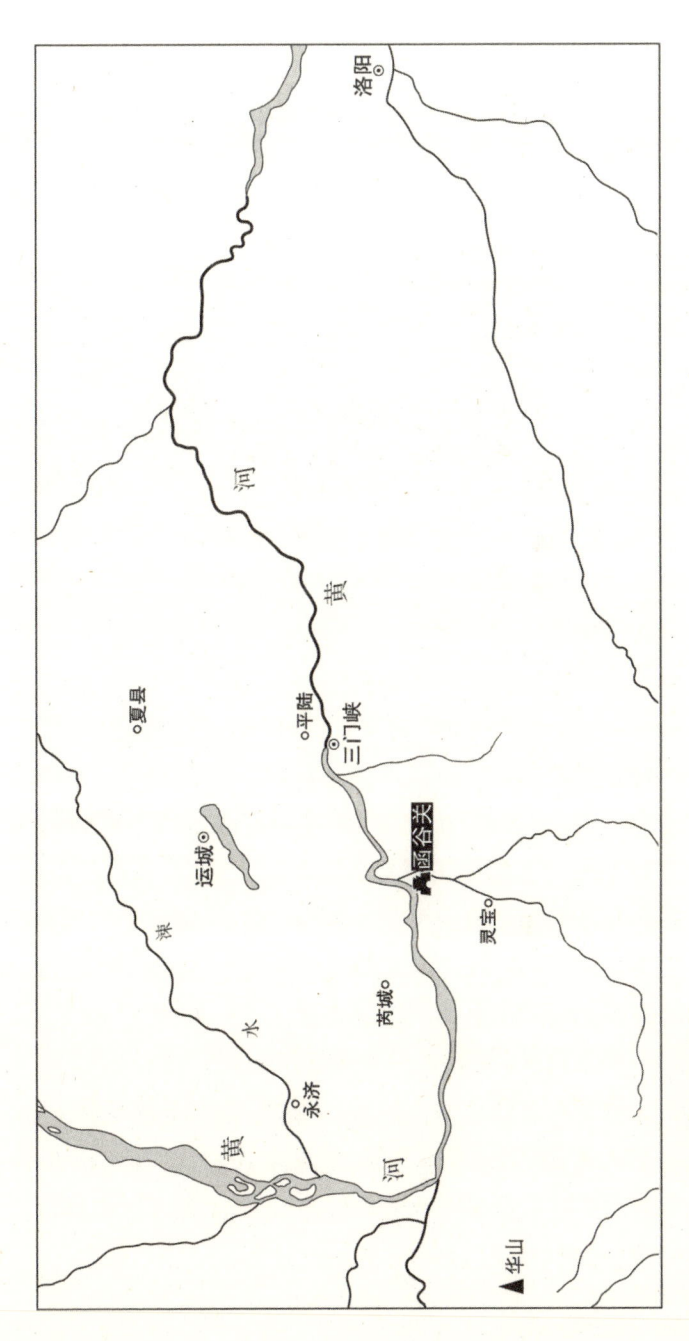

图2.1 古函谷关地理位置示意图

图2.2 中条山

特征值得我们思考一下。

一般来说，河流两岸文化差别不大，古人渡河不是难事，需要的话，一天来回几趟都可以。所以在考古地理中，河流一般不是文化的分界。但高山的情况不同，翻山不易，且路途坎坷，所以山脉容易构成文化分界。比如晋西南地区有一个陶寺文化，核心区在临汾一带，它的南传范围，不过峨嵋岭（汾涑二水的分水岭）。也就是说，峨嵋岭两面的文化不同。

中条山比峨嵋岭要高大险峻许多（图2.2），但二里头文化却能地跨中条山的南北两面。我们不得不承认，二里头文化的居民们很有翻山的能力，而且，他们不仅能翻山越岭，还能将大山两面用文化统一起来。这里面的办法，包含着一种社会进展。我们站在大山前面试想一下，怎样能与大山另一面的人联合起来，与自己建立联盟？这个办法一定不简单，要想到，那可是一个没有高超通信手段的时代。

二里头文化的源地在哪一方？是南面还是北面？二里头文化是从山的一面传到另一面的吗？或者是南北两面的文化联手而形成的呢？无论怎样，都必须解决中条山的阻隔问题。翻越山脉，社会文化向山的另一面推进、扩展，达到文化统一甚至政治统一，在那个时代，当然是文明成就。任何一个不满足于原有生存环境的束缚，要拓展生存空间、壮大社会力量的团体，势必要突破自然地理障碍。在中国，山脉是最早需要突破的对象。

秦国势力翻越秦岭，占据四川盆地，经济实力大增。晋国翻出太行山（应该是出轵道，即"太行八陉"的轵关陉），获得"南阳"地区（今河南济源至获嘉，不是今天的南阳），不久称霸。韩、赵、魏三家分晋，个个向山外拓展，列入"战国七雄"。这些政治集团之跨越山脉，建立隔山疆土，最终不是靠技术能力，而是靠政治能力。所以，是政治成果。

跨越山脉，要突破自然障碍，也要击败政治对手。"太行八陉"有井陉，"天下九塞"也有井陉。它又是陉，又是塞。陉是通道（陉，连山断处，又通径，是通道），塞是防守。对于攻方，想的主要是"要道"。对于守方，想的主要是"雄关"。同一个山谷，一攻一守，是一对人文属性。是人文行为赋予了山脉形体以价值。

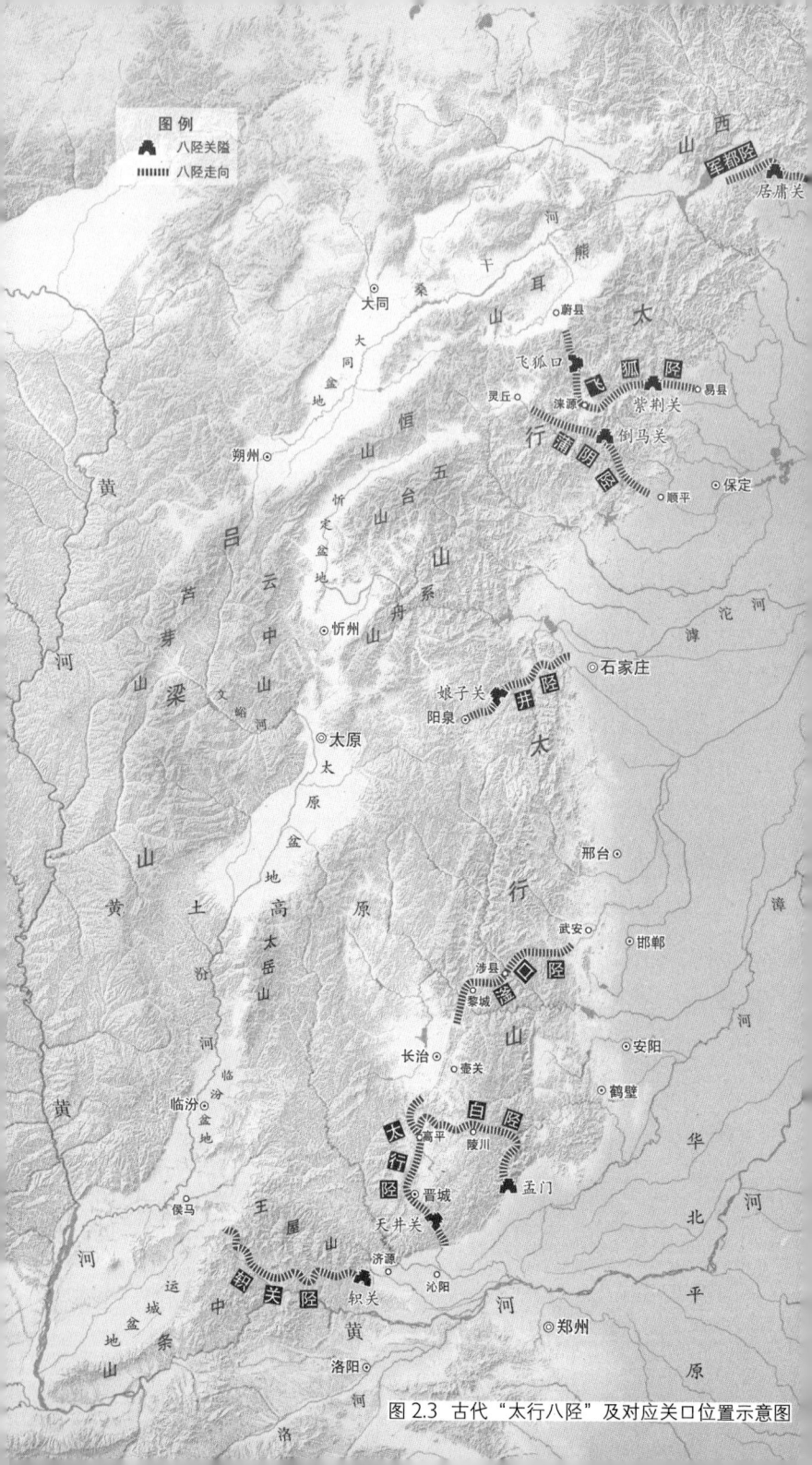

图 2.3 古代"太行八陉"及对应关口位置示意图

图 2.4 太行山

    一般来说，山体本身没有什么经济价值（除非含有矿物），但具有政治、军事、交通价值（后来又有艺术价值）。在守卫一方是屏障，在进攻一方是要逾越的目标。屏障使一些群体得以存活，而逾越则是大地域领土整合必须完成的任务。

    太行山内外有着比较复杂的人文关系。一方面，太行山外面的山麓地带，特别是东南方一带，是早期华夏文明起源的重要地区，诞生过不少大小都城。但太行山里侧却是戎狄天地，有另一番景象。（戎狄是一个半农半牧的人类群体。详见第四章）山地适宜戎狄活动，他们"各分散居溪谷，自有君长"。山内的戎狄与山外的

二　大地域，大社会

华夏，有着很长时期的攻防历史。

戎狄强盛时，可以杀出山地，"暴虐中国"。在北部，戎狄曾越过燕国，打到"齐郊"。在南部，"戎狄至洛邑，伐周襄王，襄王奔于郑之氾邑"。（《史记·匈奴列传》）周襄王在外面躲了四年，才在晋国的护卫下回到洛阳。

东周初期，受南夷与北狄两面的夹攻，"中国不绝若线"（《公羊传》僖公四年），华夏人相当紧张了一回。华夏人最有名的向山内地区反击的是齐桓公的北伐山戎，他率军"束马悬车登太行，至卑耳山而还"（《史记·齐太公世家》），大败戎狄。

晋国是被分封在山西南部山区的华夏诸侯国。开始时，晋国势力不大，被戎狄包围，"拜戎不暇"，后来逐步强大，向北方发展。晋国，以及后来拆分出来的韩、赵、魏，逐步统治了山西的大小盆地，实施经济开发，政治稳定。与此同时，戎狄或被同化，或被逼迫到边角地带。赵国则向北持续拓展，直达阴山脚下。

太行山南北绵延很长，在早期历史中，其北段山地中与南段山地中曾有不同的人文发展。司马迁在《史记·货殖列传》中谈到中国北方的两大生态区域，南部主要是农业区，北部则"多马、牛、羊、旃裘、筋角"。这两个地区的分界大体在龙门—碣石一线。龙门就是黄河在山陕南部出山的地方，碣石在渤海岸边。这条龙门—碣石线横跨山西山地，在其中部穿过，然后沿太行、燕山山系边缘折向东北。在太行山的北部山区，是农牧混合经济，有戎狄集团长期存在。直至战国晚期，北部

图 2.5 秦岭

山间仍有白狄建立的中山国，错落于燕赵之间。

秦岭山脉横亘东西，与太行山南部及中条山接近。这些山脉之间是华夏轴心地带，函谷关就在这里。函谷关不是华夷分界，而是华夏自分。洛阳为首都（东周时代），老子从东向西走，是出关。后来长安为首都，于是反过来，从西向东走算出关。

秦岭山脉构成宏观气候分界线，南北两方气候不同，远古以来孕育着不同的人文群体。北方为华夏故地。秦岭南面，西有四川盆地，东有汉水流域，古代各自发达。四川盆地曾有巴蜀文化，三星堆遗址令人惊异。汉水流域乃是楚国地盘，楚君曾自称为"王"，并且问鼎中原。

在古代经典地理文献《禹贡》中，将楚地称为荆州，

图 2.6 燕山

将巴蜀称为梁州,为"九州"中的二州。《禹贡》的描述,已经将秦岭南部归入华夏,这是长期文化融合的结果。二里头文化曾沿秦岭东端南传,如果二里头文化果真为夏代遗存,则夏朝已经开始了南扩的历史。到了商代,已经在长江附近建立据点,今湖北黄陂发现地地道道的商文化遗址,有城邑、宫室、贵族墓葬。周朝在汉水北部分封了一批诸侯,称作"汉阳诸姬"。(周统治家族是姬姓)

秦国从西边通道进入四川,壮大国势,这件事前面已经说过了。此外,自渭河流域向东南,另有一路,斜穿秦岭,经武关到达今南阳一带。这一线交通在关中建都的时代也是极其重要。刘邦就是由这条道路,抢在项羽前面攻入咸阳。《史记·秦始皇本纪》说:子婴为秦王才四十六日,"沛公破秦军入武关,遂至霸上,使人约降子婴"。有的地理书介绍武关,只讲政区位置,不讲秦岭山间要害,并没有说在点上。

秦岭南北方政治的整合是华夏文明发展的又一巨大成就。

最后再来看燕山。燕山接续太行山,继续向东勾勒华夏区域的边界。这些山脉的走势,仿佛是"天以限华夷",很是完整。燕山南面是大平原,北面是蒙古高原,又是两个人文生态世界。这两个世界的差异,比前面提到的都大。

燕山阻挡北面季风,南部山脚下适宜人居,早有人群集团在这里发展。周武王灭商,为了安抚天下各种势力,给了一些中立的集团以封号。在今天北京这块地方,有一个中立集团被封为蓟国(都城在今北京宣武门一带)。不久,周朝自己的人来了,在南边不远的地方建立燕国(都城在今北京房山琉璃河)。这时,天下已经是周人的,燕国当然势力大,找个机会便将蓟国灭掉了。燕国随后成为北方大国。

燕国的发展,战略方向之一是向北翻越燕山。"燕有贤将秦开,……袭破走东胡,东胡却千余里。"(《史记·匈奴列传》)燕国遂占据整个燕山山地,并在燕山北坡修筑长城。燕国之举,掀开了燕山南北两方争雄的历史。燕山虽不及太行、秦岭绵长,但其南北两方的争雄,仍然决定了中国历史中一些有头等地位的大事。

以燕山为中心做宏观地理观察,南方是辽阔的华北

图 2.7 山海关

平原,北方是蒙古高原,东北方是东北平原及山林。在中国王朝历史后期所出现的历史地理事实,足以说明燕山地位之重:正是来自这三个大地区的人们,依次建立了统治整个中国的庞大王朝。从蒙古高原来的蒙古人建立了元朝,从南方来的汉人建立了明朝,从东北来的满人建立了清朝。燕山脚下的北京城,作为这场历史大旋涡的中枢,成为中国的京师首善。

燕山上的长城,见证过波澜壮阔的历史。燕国首先在燕山北部修建长城,秦朝继续使用。到北朝时期,北齐改在燕山南部修建长城,北周、隋也都继续修缮利用。到了明代,又在北朝长城的基础上修建了坚固、整齐、雄伟的长城。燕山可以说是伟大的长城之山,燕山长城与京师最贴近,功能最持久,形态最壮观。燕山长城守

卫的是一系列南北往来的著名通道,其中的居庸关,享有古老的历史,而山海关则被尊为"天下第一关"。(图2.7)

这些关隘,属于山脉,属于社会,属于历史。自然的高山,配以人文的雄关,是我国高山文化十分突出的特色。"雄关漫道真如铁,而今迈步从头越。"现在,许多山口都开通高速公路了。世世代代,名山的故事将永远伴随着中华历史。

五岳大坐标

五岳是分别位于中国东部、西部、南部、北部和中部的五座历史名山的总称，大多数中国人都能背出它们的名字：东岳泰山、西岳华山、南岳衡山、北岳恒山、中岳嵩山。它们的相对高度都在 1000 米以上，看上去是"巍乎高哉"。

五岳是自先秦时期开始逐步形成的一套名山系统，它们之间，彼此呼应，五方相配，形成一个体系，构成一个政治文化地理大坐标。它们在大跨度的地理空间中排开，象征着华夏疆域的辽阔性、稳定性、崇高性。

五岳概念的形成，是中国古代地理思想史的一件大事。在古代中国，管理一个大地域国家，光靠军事手段不行，还要运用礼仪制度与道德规范对政治进行有力的辅助，这是中国古代文明的一大特点。从周代一直到秦汉时代，是中国古代政治文化的形成期。从政治地理方面来看，首先是西周对封建制进行了充分的实践，之后的秦汉时代，又完成了由封建制向郡县制转变，解决了对广阔国土进行一统性政治建设的历史课题。而五岳的最后确立，是这一政治文化地理过程的重要侧面。

五岳，被古人视为道德名山，它高大巍峨的形体象

图 2.8 东岳泰山

征着社会的稳固，它的峻拔又象征着至高无上的权威。雄踞五大方位的岳，表征着江山的一统。

在这样的思想观念背景下，天子、皇帝为了体现自己的权威，就要与五岳联手了。

事情的起源应该在 3000 多年以前。基地在西部地区的周人，在战胜东方大国商之后，马上又面临如何有效地统治东方辽阔疆土的难题。周人虽然打出了"普天之下，莫非王土"的旗号，也在各个要害地区分封了一批诸侯国，用来"以藩屏周"，就是让它们像藩篱一样护卫着周人的政权。但是国土太大，周天子仍然不放心，于是经常要到各地巡视，检查诸侯国的情况，观看当地的风俗礼仪，更重要的，是向当地的人民展示天子的威仪，平衡一下"诸侯自专一国"的情形。《孟子·梁惠王下》引晏子的话："天子适诸侯曰巡狩，巡狩者，巡所守也。"就是说的这类大事。

按照规矩，巡狩时，天子到了哪个诸侯的地方，那个诸侯首先要"除道"，就是把道路清理好，并且到边境等待天子的到来。另外，"天子巡狩，诸侯辟舍"（《史记·鲁仲连邹阳列传》），诸侯还要把自己的正殿腾出来，让给天子用。除了本地诸侯，"当方"诸侯，也就是那一方邻近的诸侯，也要尽可能地来朝拜天子，否则，被视为非礼，要受惩罚。例如周襄王二十一年（公元前632年），"天王（周襄王）狩于河阳（今河南孟州市以西的地方）"，齐、鲁、晋、秦、魏、陈、蔡等国的国君都来拜见，而有一个许国，距河阳不远，居然没有去，这属于非礼，于是落下把柄，"诸侯遂围许"，诸侯趁机把许国教训了一番。

有意思的是，天子巡狩本来是冲着诸侯去的，但后来，说来说去，岳却成了巡狩活动的主要对象。例如《礼记·王制》："天子五年一巡守（同狩）。岁二月，东巡守，至于岱宗。……五月，南巡守，至于南岳，如东巡守之礼。八月，西巡守，至于西岳，如南巡守之礼。十有一月，北巡守，至于北岳，如西巡守之礼。"《说文》也说："东岱、南霍、西华、北恒、中泰室，王者之所以巡狩所至。"（古代曾一度以天柱山，亦名霍山，为南岳。）这是因为五岳居东南西北中，具有空间方位上的完整性，象征"普天之下"，在礼法意义上又是"安地德者也"，所以，"夫岳者，以会诸侯"，诸侯们"必择其地近之岳而朝焉"。(姚鼐《五岳说》)最后，至岳，成为巡狩活动的高峰。这是五岳思想的发展。

五岳是王朝地域内以礼法形式、神圣姿态出现的五大核心，天子的巡狩制度更将它们统联为一体了。

为了巡狩这件事，也就是为了社稷考虑，天子要不辞辛苦，到处视察。蔡邕说："天子以天下为家，不以京师宫室为常处，则常乘车舆以行天下，故群臣托乘舆以言之也，故或谓之'车驾'。"(《史记·吕太后本纪·集解》引)原来，皇帝的这个外号"车驾"是这么来的。

不过，五岳分布在"中国"的东西南北中，距离很远，"车驾"能否座座都去，是个实际的问题。除了传说中的舜而外，似乎只有汉代的"武帝自封泰山后，十三岁而周遍于五岳"。(《汉书·郊祀志》)此前的秦始皇，除泰山外，还曾登湘山、会稽山，这是秦朝自己排定的东方五大名山中的两座，他去没去过其他岳山，不知道。

在实际中，巡狩的活动主要集中于泰山，泰山的地位优于其他岳山。比如，汉武帝去泰山的次数大大多于去其他山。汉宣帝时，对于五岳有规定的祭祀制度，其中只有泰山是每岁五祠，其他则三祠。皇帝去泰山的祭祀活动，逐渐有了一个专用的名字：封禅(shàn)。后来讲封禅，主要是指去东岳泰山。

汉武帝对于五岳观念的树立，起了巨大的推动作用。如前所说，他自封泰山后，13年而周游走遍于五岳，在后来的23年里，幸泰山达7次之多。作为一个有影响的天子，他的这些行为必然令天下为之风动。尤其是泰

二 大地域，大社会

图2.9 传说汉武帝所立的泰山碑

山封禅,在当时的人看来,是百年不遇的盛大典礼。《史记·太史公自序》:"是岁天子始建汉家之封,而太史公(谈)留滞周南,不得与从事。"这是说司马谈,也就是司马迁的父亲,因为没能跟着汉武帝参加封泰山的大典,以为是天大的憾事,曰:"今天子接千岁之统,封泰山,而余不得从行,是命也夫,命也夫!"之后,司马谈竟然"发愤且卒"。司马迁承父业,写出《封禅书》,使五岳巡狩封禅的思想,传于后世。

车轮滚滚：车与道路

对于一个大地域的社会来说，高效的交通是十分重要的，不但统治者需要，老百姓也需要，那么交通工具、交通设施就是关键的技术问题了。现在，我们就对与地理有关的技术问题做一番考察。

关于与地理有关的交通工具，我们从一件关键的东西说起：轮子。

轮子是征服路程、征服地理空间的得力工具。我们知道，轮子是人发明出来的。有人说，古人是看到圆形的蒲叶被风吹起，在地上滚动，于是受到启发而发明了轮子。这只是一种推测。

无论古人怎样想到了做一个圆形的东西，关键是他在两个圆形的东西上面安放了一个木厢，于是成为一辆可以载物并且行走的车！这在人类历史上应当算一个惊天动地的大发明。有了轮车，就可以承载重物，循环滚动，远行千里，用古人的话说，是"服牛乘马，引重致远"（《周易·系辞下》），意思是用牛马拉车，可以把重物送到远方。

试想一下，一个用身体背负重物的人，第一次看到另一个用车载重物的人，会是多么吃惊，多么羡慕。的

图2.10 甲骨文"车"字

图2.11 这个"车"字的"辕"是断的,有甲骨文专家认为这是表示一次车祸

确,轮车给人类立下了巨大的功劳!现在的高铁,不过是轮车家族中的一个晚辈。

在中国历史上,一直传说是夏代的奚仲发明了轮车,奚仲因此被奉为"车神"。根据目前所得到的确切证据,轮车的先祖至少可以追溯到商代。在商代甲骨文里已经有了车字,就是一个轮车的图形。(图2.10、2.11)另外,考古学家在商代的遗址里面发现了许多轮车的遗迹,有的还相当完整。(图2.12)这样,我们对于商代轮车的样子、尺寸可以说是看得清清楚楚,它们的制造水平已经相当成熟了。孔子说:行夏之时,乘殷之辂(lù),服周之冕(《论语·卫灵公篇》),认为商代的大车质朴,不奢侈,可以做楷模。

据说,最初级的车轮是一块圆形木板,称为辁(quán)。后来改进为辐条轮,商代的车轮都是带辐条的,

图 2.12 商代车马坑遗址

已经是改进的了。

由于轮车的出现，许多事情也随之发生了变化，尤其在人文地理世界，可以说进入了一个新的时代。

俗话说：车到山前必有路。其实未必，这要看是什么样的山口。

我们再来看看前面说过的穿越山地这件大事。古人最早经历过的是无车的时代。那时的人们进山，是凭身体腿脚的本事。在用腿脚穿山的时代，不分什么大小山口、深浅谷道，容得下人身，就可以前进，一脚高，一脚低，都没有关系。

然而，车轮对路面却有较严格的要求，不能是一轮高一轮低，要在比较平坦的路面上才可以顺利行走。那么，原来可以容身，可以凭腿脚蹬踏行进的山口，却不一定容许车轮行进了。所以，随着轮车的出现，对于山

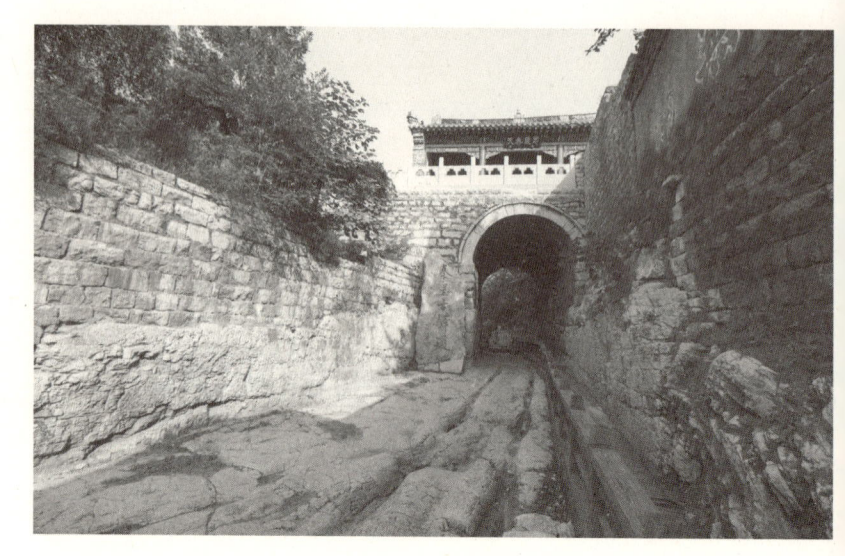

图 2.13 井陉古道

口谷道，人们要做一番优选。不适宜车行的山口被淘汰，适宜车行的山口渐渐出了大名。下面举一些例子。

古人选出来的"太行八陉"，即进出太行山的八条通道，是出名的山口谷道，都可以走车。《战国策·楚四》记载：老骥（千里马）"服盐车而上太行"，就是车行太行山间的一个例子。这是有关伯乐的故事。山高路陡，尽管是千里马，还是"蹄申膝折，尾湛胕溃，漉汁洒地，白汗交流；中阪迁延，负辕不能上"。千里马应该奔驰赛跑，却不宜干拉车的笨活儿。幸亏"伯乐遭之，下车攀而哭之，解纻衣以幂之。骥于是俯而喷，仰而鸣，声达于天，若出金石声者，何也？彼见伯乐之知己也"。韩愈感慨道:"世有伯乐,然后有千里马。"(韩愈:《马说》)没有伯乐,只有拉车的马。千里马比伯乐多,可能还有若干匹千里马,没有巧遇伯乐,默默拉了一辈子盐车。

中条山的北面有盐池,产盐供给四方。向东走的盐车要过太行山,应当是走某些陉。《史记·淮阴侯列传》里说:"今井陉之道,车不得方轨。""方轨"是车并行的意思。虽然不能并行,但走车是没有问题的。这是井陉。(图2.13)

《穆天子传》讲了一个神奇故事:"天子命驾八骏之乘,赤骥之驷,造父为御,南征翔行,迳绝翟道(翟道,在陇西),升于太行,南济于河。"故事是神奇的,但编故事所用的许多材料是真实的。天子驾车而行是真实的,"升于太行,南济于河"也应是真实存在的行车路线。

《水经注·河水四》这样描述函谷关:"邃岸天高,空谷幽深,涧道之峡,车不方轨,号曰天险。"我们看到,重要的谷道都可以车行。函谷关虽然不能"方轨",但还是有车。

能车行还是不能车行,古人分辨得很清楚。我们把视野转到燕山,从形势上看,燕山接着太行山向东北方的延伸,战略意义也很大。《日下旧闻考·边障》引《金国行程》:"渝关、居庸,可通饷馈。松亭、金陂、古北口,止通人马,不可行车。"渝关就是山海关,居庸关夹在太行山与燕山之间,是太行八陉最北面的一陉。这两个关可以行车,具备军事物饷运送的条件,格外受到重视。(图2.14)其他三关"不可行车",地位低一等。

二 大地域,大社会

图2.14 居庸关

车辆对于进山的道路是很挑剔的,有些山路很崎岖窄小,车到了这里,要掉回头,另择宽阔的路径。

不仅仅在山区,车辆在平川原野之上,也有要求,原因还在轮子。轮子要循环不已地滚动,车辆才能不停地前进。要做到这一点,轮下的地面就必须是连绵不断坚实而平坦的,有沟,必须填平,有坎,必须铲掉。一句话,必须修路。

因为轮车的出现,可供轮车顺利行走的人工道路应运而生,车行多远,道路就要修多远,从此,在华夏大地上,一条条人工道路纵横呈现,人文地理景观出现了新面貌。

图 2.15 道路两旁列树

　　道路修好了，还要沿着道路种植树木，古人称作"列树以表道"，就是种植一排树木，用来表示道路的所在。这个做法应该是很有用的，因为在田野里，发现远处的道路是不容易的，但是有了一排一排的树，迷路的人离很远就可以看出来：那边有路！（图 2.15）

　　在各种道路中，皇帝经常用的路修得最好，因为皇帝的车个头大，所以路一定要宽，一定要坚实。皇帝专用路称为驰道，秦始皇下令修的驰道是历史上最有名的。驰道应该是秦朝道路网的主干，它以都城咸阳为中心，号称"东穷燕齐，南极吴楚，江湖之上，濒海之观毕至"。（《汉书·贾山传》）书上还说，驰道"道广五十步，三丈

二　大地域，大社会　61

图 2.16 秦始皇陵铜车马

而树"。古代一步为 5 尺,50 步就是 25 丈(约 80 米),相当宽阔了。另外三丈(10 米)就栽一棵树,一路之上,树影连连,应该十分美观了。(不过,这样的规划能否在国土上都实现,可能还要打折扣。)

道路修得好,还需要有人维护,这是轮车引发的又一项事业。

古代道路是土路,容易损坏,车走得多,路就坏得快,修路的人手就要多。古代王侯将相们的大车队一路跑,修路的民夫要一路忙。西汉时有位昌邑王(就是后来成为海昏侯的刘贺),喜欢驾车到处游玩,他手下的中尉王吉看不过去,上疏劝说:"大王您这样到处疾驰,不到半天就跑 200 里,弄得百姓们都要忙着为您修路、牵马,他们都没有时间干农活了。"刘贺是一个腐败的家伙,驾车到处乱跑,也是一桩劳民伤财的事情。

图 2.17 汉代画像砖上的独轮车

一切事物都有两面性，轮车对于道路有比较苛刻的要求，这是轮车的一项缺陷。但是聪明的祖先想出了既能克服这个缺陷，而又能随意使用轮车的办法，这就是：手推独轮车的发明。

无论是马车还是牛车，都必须在较宽敞的道路上行驶，但是人推的独轮车却可以在田间小路、崎岖山路上运送货物。提到独轮车，一般会想到诸葛亮发明"木牛流马"（即独轮车）的故事，以为诸葛亮是独轮车的发明者。其实，早在西汉的时候，独轮车就已经出现了。四川成都有一座断代为公元前2世纪晚期的墓葬，里面的壁画上就有人推独轮车的形象。（图 2.17）另外，史书中也有关于西汉末年人们使用"鹿车"的记载，鹿车可能也是一种手推独轮车。

二 大地域，大社会　63

快马加鞭：驿传系统

在一个疆域辽阔的地区内建立国家，管理庞大的社会，除了修建畅通的道路网、使用便利的交通工具，还要有一套执行递送任务的人员组织系统。这是任何一个大地域国家政府维持运转所必要的工作体系。中国是一个稳定的大地域国家，这个系统很完善。在古代，它称作驿传系统。

驿传系统的主要职能是传递官府文书、军事情报，为官员往来提供交通工具和中转食宿场所。它是一个由在全国各地的大道上设立的一个个的交通站点连缀构成的网络。运送方法是接力式，可以凭官方证件在每一个站点换人、换马（或换车、换船）。皇帝一旦发出诏令，要即刻传送四方，于是出现全国大跑马的情形。

驿传系统有一个发展过程。

比较成熟的驿传体系产生在春秋战国时期，孟子转述孔子的话说："德之流行，速于置邮而传命。"（《孟子·公孙丑上》意思是，道德的流行，比在邮传系统里面传递还要快。看来，邮传系统，是孔孟所知道的最快的人间传递系统。

秦始皇统一中国后，在社会基层设置"亭"，"十里

图 2.18 嘉峪关魏晋墓葬中画像砖上的驿使图

一亭",这是以维持社会治安为主的行政体制,具有行政管理和治安职能,但是在交通干线上的亭又兼有递送公文的功能,所以又称为"邮亭"。

汉代在驿传系统中大量使用车马,用车传送称为"传",骑马传送称为"置"或"驿"。原来的步行递送方式仍然称为"邮"。

西汉规定,在交通要道上每隔几十里就置一驿(一般是三十里一置)。因为马跑得快,传递的距离范围大为扩展。为了满足远途行者的需求,汉代逐步将单一骑马传送公文的置(驿),扩展为兼有接待过往官员和使臣功能的机构,人能食宿,马有饲料。

考古学家在甘肃省敦煌市发现了汉代悬泉置的遗址,遗址位于今天安敦公路南侧 1.5 公里处的戈壁中,

二 大地域,大社会

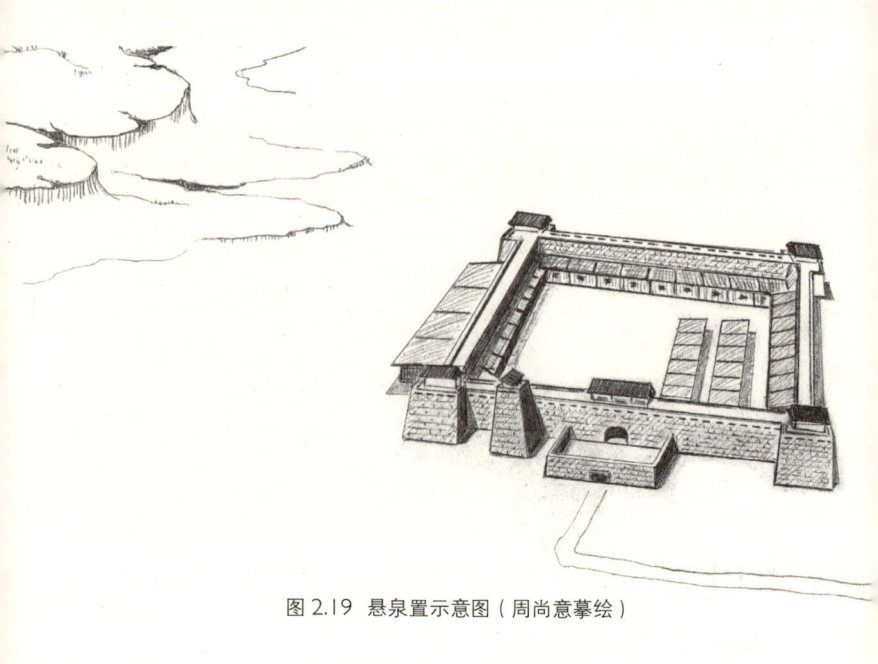

图 2.19 悬泉置示意图（周尚意摹绘）

南边是三危山的余脉火焰山，北边是西沙窝。这个地方在汉唐时代是瓜州与敦煌之间一个大的中转驿站，东去瓜州 56 公里，西去敦煌 64 公里。在辽远空旷的西部，这座中转站的设立是太有必要了。

悬泉置遗址是一座方形小城堡，有高大的院墙，门开在东面。院子里的西部、北部建有不同时期的平房 3 组，为住宿区；东部为办公区；在西南角有马厩。在城堡的外面也有马厩。（图 2.19）

悬泉置不远处的山口间，有泉水，可供饮用。泉水从高处流下来，悬空进入一个水潭，所以这个地点叫悬泉。古代文献中有一段关于悬泉的神奇的故事："汉贰师将军李广利西伐大宛，回至此山，兵士众渴乏，广利乃以掌拓山，仰天悲誓，以佩剑刺山，飞泉涌出，以济三军。"(《西凉录·异物志》)用剑把泉水刺出来,显然是夸张,但贰师将军率领军队经过这里,倒是很有可能的。

到了唐代,与境外各国的交流频繁,各方使节和官员接踵出现在通往长安的大道之上。鉴于这种情况,朝廷扩展驿站为馆驿,以增加其"馆舍"的功能。据历史记载,在盛唐时期,全国有馆驿1643个,其中陆驿1297所,水驿260所,水陆转换的馆驿86所,真是遍布天下。从事驿传工作的驿夫(水驿称水夫)有2万多,其中大多是征召来的农民。驿马、车、船由官府提供。驿馆大多设在州城或县城里面,也有在城外的。

驿站的系统很发达,当然,费用也是很高的。由于朝廷对馆驿的支出有限,唐代前期的办法是,由官府指定当地有钱的大户人家主持驿馆事务,并给他们"驿将"或"捉驿"("捉"就是掌管的意思)等好听的头衔。他们除了负责管理、修缮、接待等事务,还得出钱弥补驿馆的亏损。当然,这些驿将多是头脑"灵活"的人,他们很善于利用驿传的体系经商,这样做不仅可以"以商补亏",还可以为自己捞一些油水。有的驿将过不了几年,就变身为巨商。

在唐代,以"灵活"的头脑利用驿传系统做事的,还有一件更有名的事情。先读一下唐代诗人杜牧的《过华清宫》三首诗中的一首:

长安回望绣成堆,山顶千门次第开。
一骑红尘妃子笑,无人知是荔枝来。

这首诗前两句是写自长安回望华清宫的繁华，后两句写的正是驿传的事情。

据《新唐书·杨贵妃传》记载："妃嗜荔枝，必欲生致之，乃置骑传送，走数千里，味未变，已至京师。"意思是，杨贵妃喜欢吃荔枝，而且一定要吃新鲜的，于是朝廷利用驿传的骑手传送荔枝，从南方的四川开始，许多骑手接力奔驰千里，日夜兼程，急送到京师，荔枝的新鲜味道并没有改变。

妃子的欢笑是建立在骑手紧鞭急蹄飞奔的基础之上的，而这件事情并不那么光明正大，路上人们看到骑手疾驰的样子，还以为是递送紧急军事情报呢，哪知道骑手背上竹筒里装的是荔枝！杜牧就是借用这件事情，讽刺唐玄宗与杨贵妃的骄奢。

大概是经常传送荔枝的缘故，这条骑手接力奔驰的道路后来就被人们改称"荔枝道"了。（见乐史：《太平寰宇记》）它大致从涪陵地区起始，经四川、陕西的一连串地方，最后到达长安。

到了元朝，按照蒙古语的译音，每一个驿点称为"站赤"，在汉语中也随之改称驿站了。驿站这个称呼一直延续下来。再后来，驿字省掉，一个"站"字就成为交通站点的名称了。今天的人们只是说："您到哪一站？"而在元朝以前的人会说："君至何驿？"（在今天的日文中，仍然用驿字，比如"京都驿"。）

由于元朝疆域特别辽阔，驿站制度备受重视，在全国设立的站点达 1500 多处，形成了以大都城（今北京）

为中心的稠密的交通网，东北达到黑龙江口，北方到达叶尼塞河上游，西南到西藏地区，范围是空前的。

因为范围广阔，要跨越各种地理环境，交通工具的形式也是多样化的。除了马站、车站、舟站，还有牛站、轿站、狗站（狗拉雪橇）。

明朝的驿站也有1千多处，雇用的人员也是相当多。明朝末年，崇祯皇帝曾在大臣的建议下裁减驿站，结果导致大量驿站人员失业，成为流民，这其中就有银川驿卒李自成。崇祯没有想到，这个失业的驿卒竟成为大明的掘墓人。

驿站管理至清代已臻于完善，并且管理极严，违反规定，均要治罪。驿站配备的人员、牲畜（马、驴、牛）都很充足。一般传送速度是日行300里至600里。不过，在紧急情况下，可以跑得更快。例如胡林翼与太平军作战，占领武昌、汉阳后，为了向心急如焚的朝廷报捷，以号称日行800里的速度传递消息。朝廷得到消息，大松了一口气，正式任命胡林翼为湖北巡抚，并赏赐高品的顶戴。

到了清代末期，随着轮船、铁路、电讯、邮政的陆续出现，传统的驿站系统逐渐褪色。在光绪三十二年（1906年），设立邮传部，推进轮船、铁路、电讯、邮政等事务，驿传系统也就退出历史舞台了。

回顾历史，在中国这个幅员辽阔的国家，地盘广大物产丰富，统治者也十分威风，但大有大的问题，皇帝尽管有万里江山，但若是弄不好，顾了这头顾不了那头，就会出"天高皇帝远"的问题。关键是交通。千百年来，朝廷上下想到了除飞翔以外的所有手段，关于路，投下的功夫已经到了头，关于车马，也将它们用到了极限。"全国大跑马"的办法一直沿用到铁路的出现。

现在已经是全国跑火车了，近些年又有了高速公路。高速公路不准马车走，看来马车已然功成身退。"大马路"的名称也渐渐被"公路""国道""高速路"等名称取代，只有火车、汽车的发动机功率依旧用多少多少"马力"来计算，算是对马的一份纪念。

三　区分天下

把大地分成一个一个的区域，是地理学的一项基础工作，也是一门独特的本事。

地理区域，是我们比较熟悉的事情，它正是最基本的地理问题。一片土地如果很辽阔，一定存在内部的区域差异，大地之上的事物不可能是均匀分布的，这是客观事实。

在人类社会里，也像自然界一样，到处有不同的区域单元。有的社会单元的形成与自然环境基础有密切关系，也有的与自然环境关系远一些，不是那么直截了当。比如北京和天津，两个城市差不多在一个自然环境地带，没有太大区别，但北京口音与天津口音是如此的不同。在解释这个"横向"差别的时候，我们更多的不是关注自然环境，而要从社会历史中找原因。还有唐山，离北京、天津都不远，但唐山话讲得又是一个样。这是怎么回事？我们在北京，也可以察觉北城、南城、郊区的口音都不一样。

社会中的单元，特别是与自然环境关系较远的社会单元，其成因更隐蔽一些，不像自然环境，在眼前，很直观。社会成因往往隐藏在历史里，不是一眼就可以察觉的。正因为它隐蔽，研究起来就更有意思。

我们很难用一个区域概括所有的人文现象，很难用一个指标统率其他众多的指标，而只能是一个指标划一类区域。划出一个吃大米的地区，它能够代表吃辣椒的地区吗？不能代表。划出一个爱吃酸的地区，能代表爱吃面的地区吗？不能。划出一个爱吃驴肉的地区，能和有骑驴文化的地区画等号吗？也不能。

我们知道陕北人骑驴，新疆人也骑驴。贵州人不骑驴，黔无驴。江浙地区也不大见骑毛驴的，好像就是山陕及其以西，一直到新疆。当年库尔班大叔表示要骑着毛驴上北京。在美国，共和党的标志是大象，民主党的标志是毛驴，可在美国见不到多少毛驴，很奇怪。当然，美国也没有大象。

有些人文区域是松散的、相对的，比如宗教信仰区。的确在有些地方，人们会较多地信仰某一种宗教，我们可以把这个地区界定为某某宗教区。但这不是说其他地方就没有信这个教的人了。特别是现在的社会，人口流动很频繁，信仰宗教的人也在到处迁徙。信仰基督教的人哪儿都能找到，以后如果月亮上开辟居民点，基督教也会到月亮上去。我们如果确认某地为基督教分布区，只能是相对的。

但有一些人文区域是比较严格的，不容易随着人口的流动而变化。这主要是生态文化区。因为这类区域不是人类单方面创造出来的，还要有自然环境的一方。像渔业区、游牧文化区、窑洞文化区，它们的形成都要依托自然环境基础，所以不会跟着人口搬家。

总之，区域，是人文社会必定要表现出来的地理特点。

但是，反过来，对人文社会做区域观察，又是人们的一种眼光。而人文社会的管理者，又会运用区域手段进行社会管理。从这个方面来说，区域思维又变被动为主动，成为人们观察问题和解决问题的方法。

外地朋友到北京来找你，如果不告诉他你在哪个区、哪条街、哪条胡同，而只告诉他你房子的样子，朋友会气死。如果外国朋友来，你只说住在中国，不告诉他哪个省、哪个市，他不是更晕吗？

地址设立，其实就是一种分区管理。

早时，北京城的地址系统不健全，许多胡同都没有门牌号，那时候寄信写地址只能是：

前门外 某某胡同东头 大铁门里 王先生收

如果王先生住的不是大铁门的院子，只是像许多邻居一样，有一座普通木门，真不知地址该怎样写。现在有了清楚的门牌号，地址变得准确，省了邮递员许多事。

区域、区划，或者分区，或大或小（小如城市街区，大如地球七大洲），都是人类对于世界的认识方式、把握方式。这类事例在历史上是十分丰富的。

九州，中国古代第一个大型地理分区体系

有两个地理名词在周代很有名，一个是"禹迹"，一个是"九州"。禹迹这个名字，现代人不大熟悉了，但九州这个名字，很多人知道。其实，这两个名字差不多是一回事，至少，两者的关系是很密切的。要是比较它们出现的时间，禹迹早于九州。

先说一下禹迹。禹就是大禹，是古代流传的一位圣贤人物的名字，禹迹，就是指大禹做过事，留下痕迹的地方。

大禹做过什么事？我们都知道大禹治过水。大禹治水是个历史名词，这里面都包含哪些内容呢？古书上说，大禹平水土，随山刊木（伐树开路），划分九州。用今天的语言来说，大禹是做了治理、考察、规划等一连串的工作。这些工作的总的结果是开辟出一大片文明的土地。这片土地就是华夏文明的地理世界，在这个世界里，到处都有大禹留下的足迹。

"禹迹"于是成为一个名词，一个地理名词。它表述的是华夏这片文明地域。可以说，禹迹是华夏疆域的第一个名称，先秦时代的人们普遍使用这个名称来表示自己所在的位置。例如春秋时期的铜器秦公簋上的铭文

图3.1 (宋)《禹迹图》

图3.2 秦公簋铭文（右第三行下四个字是"鼏宅禹蹟"，蹟即迹。）

就写着"鼏 [mì] 宅禹迹"（图 3.2），齐侯镈钟的铭文上也写着"处禹之堵"（堵，土的意思）。历史学家分析说，秦国在西方，齐国在东方，这分别处于东西方的两个大国的人，都口口声声强调自己在禹迹里面。他们为什么重视这件事呢？因为在那个时代，人们十分在意"华夷之辨"，就是对人要区分华夏还是蛮夷，华夏是文明人，蛮夷是野蛮人。一个荣耀，一个丢人。秦公、齐侯喊出自己的地盘在禹迹里面，就是向世人宣告自己是文明人。

我们说华夏文明地区，是一个客观存在的事实。但为什么要给它加上一个"禹"的头衔？这显然是古人有意的做法，目的是使得这片土地更加神圣，同时让人们一起膜拜给大地带来文明光彩的圣王们。大禹是一个真实的历史人物吗？他真的领导人们治理过洪水吗？这些都是很难确定的问题，让历史学家们去努力吧。

《左传》说："芒芒禹迹，画为九州。"在这句话里，我们看到了禹迹与九州的关系。九州是对禹迹的进一步分区，因为禹迹的范围太大了，人们只说在禹迹里，还是分不清东南西北。把禹迹分成九个区域，以后再说自己在什么州，就既表明了自己在禹迹里面，也说清了自己的具体方位。

《尚书》里面有一篇《禹贡》，《禹贡》所开列的九州是最清楚的，它们是：冀州、兖州、青州、徐州、扬州、荆州、豫州、梁州、雍州。另有些古书开列的九州名单与《禹贡》的不太一样，但影响不如《禹贡》大，所以人们常说的九州就是《禹贡》九州。只有《禹贡》把九

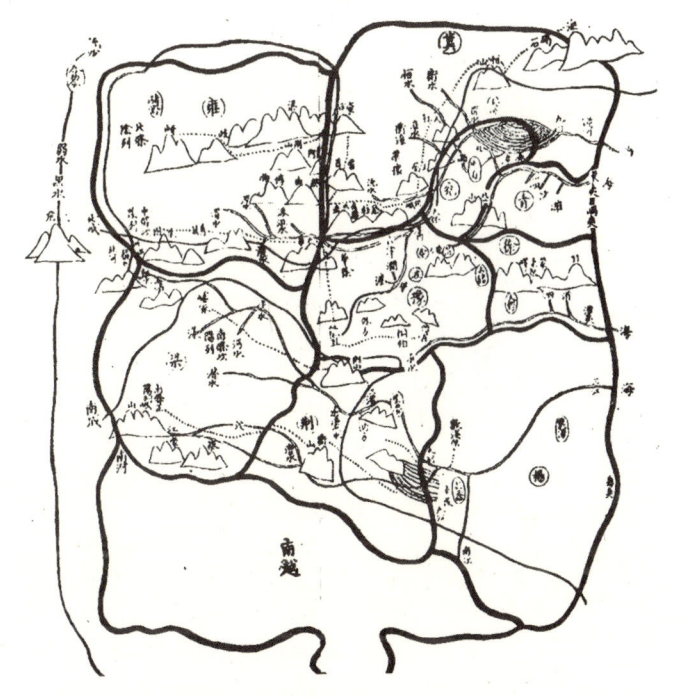

图 3.3 (南宋)《禹贡九州山川之图》

州的地理范围做了清晰的描述。所以《禹贡》九州是可以在地图上清楚地画出来的。(图 3.3)

九州中的一些名字今天还在被使用,比如兖州、徐州、扬州、荆州等,当然今天这些州都是城市的名字,已经不是区域名称了,但它们的位置仍然与古代的那些州有着直接的关系。

再看一下"州"这个字。州字在甲骨文里就出现了(图 3.4),意思是水所环绕的一块地方。后来在铜器上

三 区分天下 79

图3.4 甲骨文中的"州"字,很容易认出来。

铸刻的文字(因为是在金属上的字,所以称作金文)中,在竹简上书写的文字中,州的写法差不多都是这个样子。

在多水的环境中,州就是干燥可居之地。这与治水的活动确实有些关系。治水,不就是把水排走,开辟出一块块干燥可居的地块吗?怪不得古人把这两件事情放在一起讲,由此传播开大禹治水、分划九州的故事。

州的概念,从水中的干燥地块开始,逐渐被广泛地用来表示更大范围的地区,最终成为一个普遍使用的术语,犹如后来的"区"。

"九州",后来成为华夏文明区域的代名词,这个词中包含两个基本的意思。第一是地理范围。九个州包括了黄河流域、长江流域的大部分地区,这是华夏文明最核心的地域。第二是完整性。九州组成了一个完整的地域，就是最早被称作禹迹的那个地域。九个州，一个都不能少，少一个，华夏地域就不完整了。这一点曾深深地铭刻在华夏人的心中。南宋的诗人陆游在生命的最后，正是怀着这样的心情向儿女表述："死去元知万事空，但悲不见九州同。王师北定中原日，家祭无忘告乃翁。"

五服，事实加想象

社会人文区域大多会有一种结构，由核心区、外围区、过渡区组成。在古代中国，人们根据一定的事实基础，又花了一些想象的功夫，画出了一个整整齐齐的华夏空间区域结构图。它从中心向外面逐步延伸，越远，文明程度越低，最后低到了蛮荒地带。这一套结构，古人称作"五服"。

五服结构也是在《禹贡》里面讲述的，后来被人们画成图。（图 3.5）

它表现的是一个方形大世界，也就是中国古人所说的"天下"。这个世界的中心是国都，然后向外围层层延展，每 500 里一个层次，一个层次就是一个"服"（包含服用、服从的意思）。从里向外，这五个服分别是：甸服、侯服、绥服、要服、荒服。

在这五个区域层级中，原则上是越向外围走，文明层级越低。甸服、侯服可以说是核心区，算华夏文明区，绥服就是过渡区了，而要服，特别是荒服，离都城已经很远，那里已经感受不到文明的熏陶，是蛮夷世界了。

在具体的区域文明程度的定性中，古人有不同的说法，但越往远处走，文化水平越低，华夏的文化特质越少，

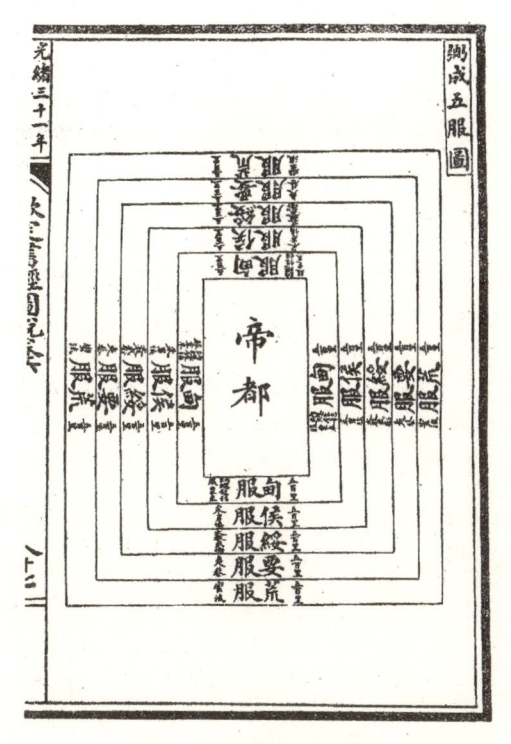

图3.5 清代《弼成五服图》

这是基本特征。古人设计了这幅图，就是让人们接受一个由部分事实、部分习见所构建的世界观：都城因为是天子所在，那里就是世界的中心。所有的事情，在中心都是最好的。普天之下的人们，都来服从和膜拜中心吧。

　　古人对于世界的认知是"天圆地方"。四四方方，是理想世界的图示，在现实当中当然不可能。但在观念上，人们确实是这样来理解华夏文化世界的。

三　区分天下　83

还有一点，这幅地理图表明，华夏、中国和蛮夷的差别，主要是文化的差别，不是血统的差别。古人讲，中国人跑到蛮夷的地方，就会变作蛮夷。谁的文明程度低，谁就是蛮夷。到了近代，西方洋人来了，中国人开始称洋人为蛮夷，但后来发现他们在文化上很棒，于是感慨道："现在，他们成了中国，我们成了蛮夷。"这些话表明，谁是中国，谁是蛮夷，要看文化高低，不看血统。

但是在这幅五服图上，谁是华夏，谁是蛮夷，要看地区。这就强化了地理上的一个秩序，表达出一份地理区域上的价值观：中心具有最高价值。传统时代的中国人，心里揣着这张五服图，他们的人生理想，就是向着中央都城的方向，前进，前进！

分区而治

把茫茫禹迹分划出九个州，除了便于做空间描述，也还有管理、掌控的意思。各个地区都要向中央贡献珍奇物品，体现着文化上与政治上的双重服从。

分区管理，分区而治，在中国历史上有过多种形式，比如周代分封诸侯国，也是一种形式。每一个诸侯就是一方的首领，负责看好这一方的地盘。因为所分封的诸侯大多是天子的亲戚，所以可以让天子放心。

这种分区管理的办法看起来是不错的，但没有料到，这些天子的亲戚私心越来越重，特别是后来世袭的子孙，不再把天子放在眼里，他们发展自己的实力，以强凌弱，吞并相邻的弱小诸侯，扩大自己的地盘，甚至公开藐视周天子。最后导致天下大乱。

统一天下的秦朝，清清楚楚地看到了分封的弊端，所以采取另一种分区而治的办法，这就是郡县制。

秦朝最初设立了36个郡。（图3.6）后来，因政局变动，又增加了10来个郡。秦朝到底设立过多少郡，都有哪些郡？现在还不能做最后的结论。虽然秦郡问题是历史地理研究的一个经典题目，或者说一个重点题目，学者们也拿出过十分精细的研究成果，但往往有这样的

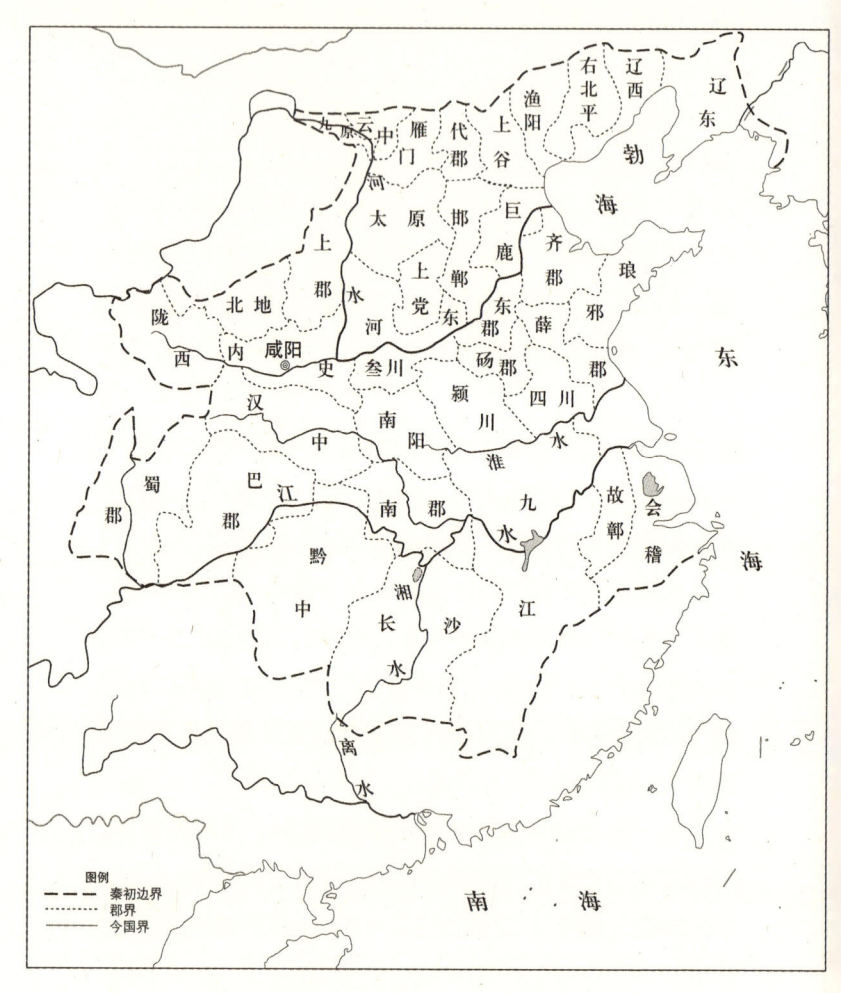

图 3.6　秦朝初年三十六郡示意图

情况，考古学家发现了新的秦代竹简，里面忽然出现新的郡的名字，学者们就又要忙一阵，把这个新发现的郡，妥当地放进秦朝设郡的历史过程里面。

在设立行政区划的时候，还有一个要考虑的方面，即怎样因地制宜，也就是怎样利用自然地形而建立起最有利的政治区域局面。在这个问题上，有"因山川形便"与"犬牙交错"两个基本策略。

因山川形便，就是按照山脉河流的走势，以山脉或河流作为政区之间的分界。这种分割方法很自然，很方便。它的起源很早，社会、政治地理单元与自然地理单元相吻合，识别的时候很清楚，在实施管理的时候也不必受到地理障碍的影响。

唐朝初年所设立的十道，是有名的采用因山川形便的方法的例子。朝廷根据山川的自然形势，把全国划分为十道，比如河南道，就是黄河以南、淮河以北，相当于今天的河南、山东的黄河以南部分，加上江苏、安徽淮河以北的部分。河北道，就是今天河南、山东两省黄河以北地区，加上北京以及河北、辽宁的大部。岭南道，是两广，加上越南北部的一块地方。

按照山川形便的方法，方便，但有一个很大的问题：那些环绕着政治地理单元的自然山川，很容易被某些地方势力作为屏障，去实现其政治独立的野心。简言之，因山川形便，有利于割据自立。

于是犬牙交错的办法被发明出来。（图3.7）假如有甲、乙两个政区，甲区完全在山南，乙区完全在山北，

三 区分天下 87

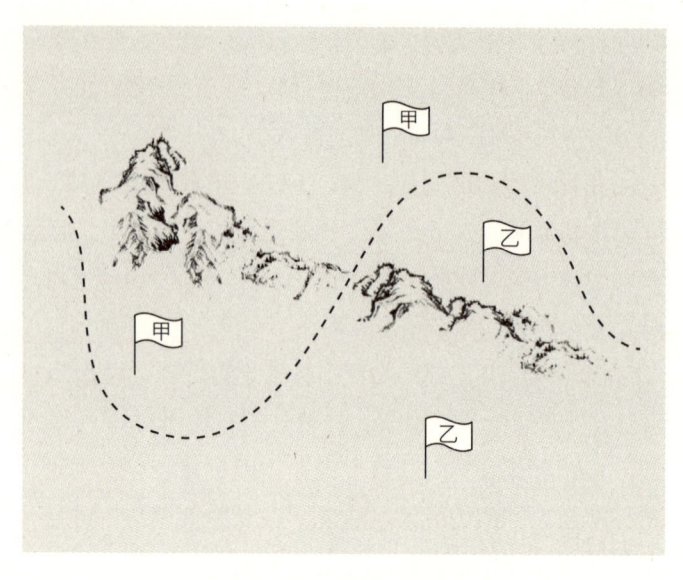

图 3.7 "犬牙交错"示意图

这就是因山川形便。犬牙交错的办法是，如果朝廷对乙政区不放心，那就把山南边的甲政区延伸到山北边，占一块地方，这样山北边的乙政区就没办法利用高山的阻隔闹独立、闹反叛了。如果朝廷对两边都不放心，那就各向对方伸入一块，在自然单元之间，是你中有我，我中有你，互相牵制。而朝廷在上，可以随机驾驭。元朝的行省就是这样设置的。

犬牙交错是上级对下级的安排，两个平级的人谈判，多半不会这样做。山川形便也好，犬牙交错也好，古代战略家们都是灵活运用的，可以一地一策，一时一策。

另外，也不要以为在地图上看到的所有政区界线，要么是按照"山川形便"，要么是实行"犬牙交错"而形成的。其实，有些行政区划的界线，"犬牙交错""山川形便"已经不是出发点，而主要是从当地的人文因素考虑，例如历史传统、人口分布、土地归属、经济利益等等。

中国古代行政区划的名字各个朝代不尽相同，层级不一样，虚实也有变化。以下是几个主要朝代的行政区划略表。

秦：郡——县
汉：（州）——郡——县
唐：道（方镇）——州——县
宋：（路）——州——县
元：行省——路、府、州——县
明：布政使司（省）——府、州——县
清：省——府、厅、州——县

省，本来是中央机构的名字，比如中书省、尚书省，后来为了表示中央对地方的直接管辖权，就以"行省"的名义去管理地方的事，表示是中央的派出机构、分支机构。但是，慢慢地，省却转变为正式的地方行政区划的名称。这个转变经过很长时间，而关键的时间段是元朝。明朝虽然改为布政使司，但人们习惯上仍然称省，到清朝仍然简称省。另外，从明朝开始，中央机构不再使用省这个名称了。

曾经有人提议,我们应该遵循古制,把省改回到州,或府,或郡,但很多人认为没有必要了。

有意思的是,我们却把传统的中国古代政区名字用到翻译西方国家的地名上去了,比如美国的州,英国的郡。

行政区划,是最具有决定意义的社会分区,中国的许多人文地理现象都有行政区划的背景。比如方言,就受到行政区域,特别是县上面那个行政区域的影响。还有家乡地理概念,中国人的家乡观念,不是基于自然地理区域,而是取自行政区划,特别是县级的行政区划。

县，中国人的根

县，可以说是中国人的老家。两个人初次见面，彼此一定会问对方的老家，也就是籍贯。在回答这一问题的时候，如果只说了省，是不够的，一定会被追问"你是哪一个县呢"？县回答完了，籍贯老家的问题才算清楚了。所以，老家一定在县里。两个人来自同一个县，那是真正的老乡，见了才会两眼泪汪汪。

传统的县，不但有稳定的地盘，还有稳定的居民，可能有很多世世代代在这里居住的家族。县里居民的口音、习俗都有自己的特点。当地的人凭口音中的微小差别，往往都能分辨出"您不是俺们县的吧？"

今天多数人都知道，县的普遍设立是在秦朝。很多人也会知道，县的诞生，是在更早的东周时期，秦国、晋国等都是县的发明者。有的县是打了胜仗，灭了小国而设立的，这种县一般比较大。有的县是瓜分贵族土地所设立的县，这种县就小多了。还有些县是把一些乡归并而形成的，这类县也不大。后来，县越来越正规，一般是"百里之县"。

不过，县与县，不是比块头，而是比人口，人口是最主要的指标。人口多，密度大，地盘会小一些。而人口少，密度小，地盘就会大一些。在秦汉时期，人口多的县的县官叫"县令"，人口少的县的县官叫"县长"。

历史上，我国行政区划制度各朝各代不尽相同，高层政区有的叫郡或者州，有的叫道或者省，它们不但名称老变，分划方法也不一样。但是，不管上层怎么变，县始终是基本单位。著名历史地理学家谭其骧指出，自秦以来两千多年，历代设县的辖境范围变化不大，秦朝的县大致有一千个，到今天还是两千多个，而今天的疆域刚好是秦朝的一倍多些。

知道了什么时候开始设县，就知道它所达到的开发程度，知道新县是从哪个旧县分出来的，就知道它的开发动力，也就是人，是从哪里来的。

县是最贴近百姓的一个区域性的行政单元，农工商学兵，山林路关卡，样样要管。县太爷是位全职首长，他的责任真是不小。用成百上千个这样的机构把万里江山一块块管理起来，是中国的一大发明。原来可能是个蛮荒之地，只要一设立县，就会逐步开发起来。所以，县，又成为观察某地历史发展水平的一个指标。如果把一个地区设立县的过程排一个时间表，那么这个地区的开发历史就显现出来了。

在中央集权的体制下，县太爷都是朝廷委派的，他代表皇上去做一方百姓的父母官。但是朝廷又担心县太爷们拉起地方势力，反过来要挟朝廷。于是有人出主意，委派县官的时候，尽量不用本地人，一个外地人去做官，下面的百姓没有一个是他的亲朋故旧，这样他就很难集结起地方势力。这是个好主意，得到了推广。

问题又来了，一个外地人来做官，什么都不熟悉，怎么能拿准主意，办好事情呢？为了解决这个问题，又有人想出办法，让每一个县都编写一本当地的百科全书，把历史、人物、耕地、人口、山林、湖泽、物产、民情、风俗都写清楚，来的新官，在"三把火"之前先通读此书，不就可以解决问题了吗？这也是个好主意，也得到了推广。这样写成的地方百科全书，在古代称为"县志"。

当然，县志的用处不光是官员参考书，特别是后期许多文人学者主动编写的县志，也成为地方历史文化的结晶品。中国的县志，以及各种地方志，因历代不断更新，累积起来的数字是惊人的。现在还能看到的方志（不包括山水祠庙等专志），有8500多种，十几万卷。

因为县是基本的人文地理单元，中国的地图特别重视对县的表现，许多分县地图在书店出售。美国也有县（county），但他们的分县地图远没有中国普遍。在地图上，中国人找到自己的县，自己的家乡，会感觉很亲切的。

不过，县，作为乡情的传统符号，现在却开始渐渐消退。例如北京市所有的县都改成了区。由于现代化的飞速发展，中国基层社会开始巨变，传统农业社会特征越来越少，而现代产业文化、消费文化的特征越来越多，为了适应这种变化，县被改成区，比如房山县改成了房山区，延庆县改成了延庆区。有人说这有利于它们融入北京的大都市圈，另外，撤县设区后，在感觉上，离城市也更近了。

对县改区这件事倒是应该好好想一想，县这个古老名称包含着浓浓的家乡温情、长长的历史记忆，从地名文化遗产保护的角度考虑，我们不必把所有县的名称改掉，还是应当保留一些县的名称吧。

司马迁的经济区划

司马迁为了写历史，跑了许多路，他对于天下大势，可以说有直接的观察。在这些观察中，包含地理区域识别，他把自己对于区域的见解写在了《史记》里。

司马迁最有名的区域分划见解，是《货殖列传》中所写的四大经济区。《货殖列传》这篇文字是写经济的，因为包含了很好的经济分区思想，也可以说是写经济地理的。

在《货殖列传》中，司马迁提出了四大经济区：山西、山东、江南、龙门—碣石以北。这里的山西、山东不是今天的山西省、山东省，而是以河南的崤山为界所区分的东、西两大区。

原文是这样的：

> 夫山西饶材、竹、谷、纑、旄、玉石；山东多鱼、盐、漆、丝、声色；江南多楠、梓、姜、桂、金、锡、连、丹砂、犀、玳瑁、珠玑、齿革；龙门、碣石北多马、牛、羊、旃裘、筋角。

在对这四大经济区的描述中，开列了各地具有商业价值的物产。在这些物产中，有些是比较稀罕的物品，

三　区分天下

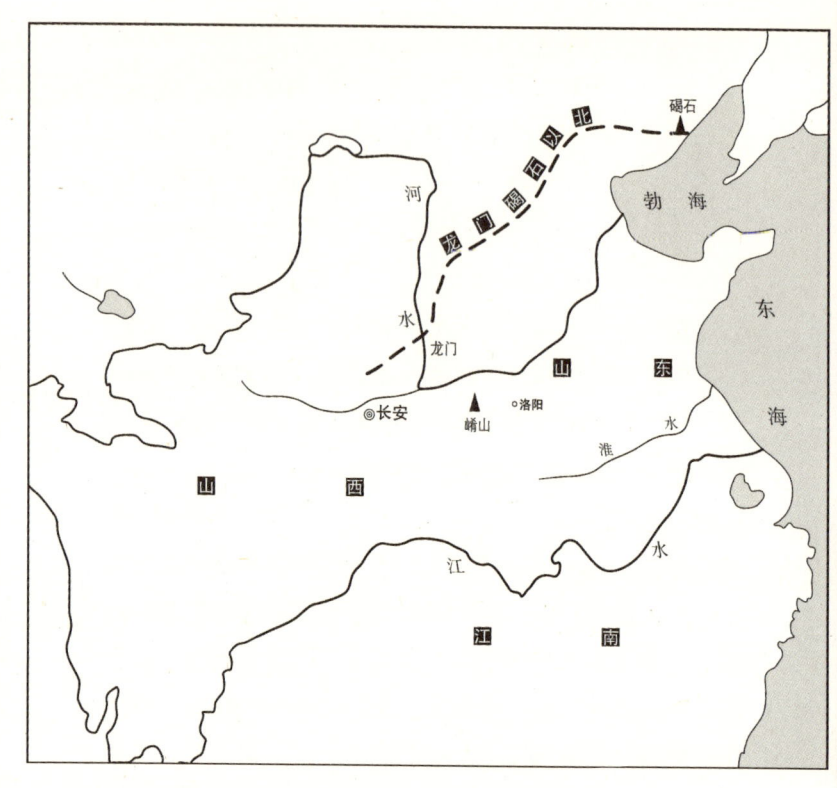

图 3.8 西汉四大经济区示意图

但有些是基本的、大宗的东西，这些最能代表区域的特点，像山西的木材，山东的鱼盐，江南的金锡，龙门、碣石以北的马牛羊等。

山西，包括关中盆地和黄土高原，那里是传统的木材产区。山东，濒临大海，鱼盐之利在商代就已经显现出来。江南，大多是南方物产，但铜矿、锡矿是早已闻名的重要资源。龙门、碣石以北，是畜牧业的世界，那里有良马、筋角。

在这个分区格局中，人们最称赞的是对最后一个区的识别，这个识别需要特别的眼光。注意一下分区的界限，可以看出，前面三个区的划定，都是依照山川格局，山西、山东、江南，都有现成的自然界线。但是龙门、碣石以北，却不是现成的自然界线。看一下地图，龙门与碣石是两个点，两点连一线，这是一条绵长的人文地理分区大界线，在这条线的中间部分，乃是横截太行山脉。自然的格局被斩断，而人文的格局呈现出来。这就是司马迁的高明之处。

我们看地图，有些河流山脉会构成一条界线，分割出不同的地理区域。比如长江，分出江南江北，再如阴山，分割农耕与游牧地区，更有意思的是四川盆地，是由四面的群山所环绕着，在地形图上，中间的绿色平原十分醒目，样子真像一个大脸盆。

但是用深刻一些的人文地理眼光看问题，仅仅依赖自然的山川走向来认识区域，就太简单了一些。有些人文地理现象的界限，并不是由一条河或者一条山系确定的，要找出这样的界线，就不能只靠眼睛，还要靠脑子。

在中国的辽阔疆域中，有些人文地理界线是很绵长的，这是大地域社会的特征。在把握中国地理知识的时候，眼光小了不行，一定要有宏远的视野。

我们都听说过"胡焕庸线"，这是地理学家胡焕庸在 20 世纪 30 年代，经过细致的考察与研究，在中国大

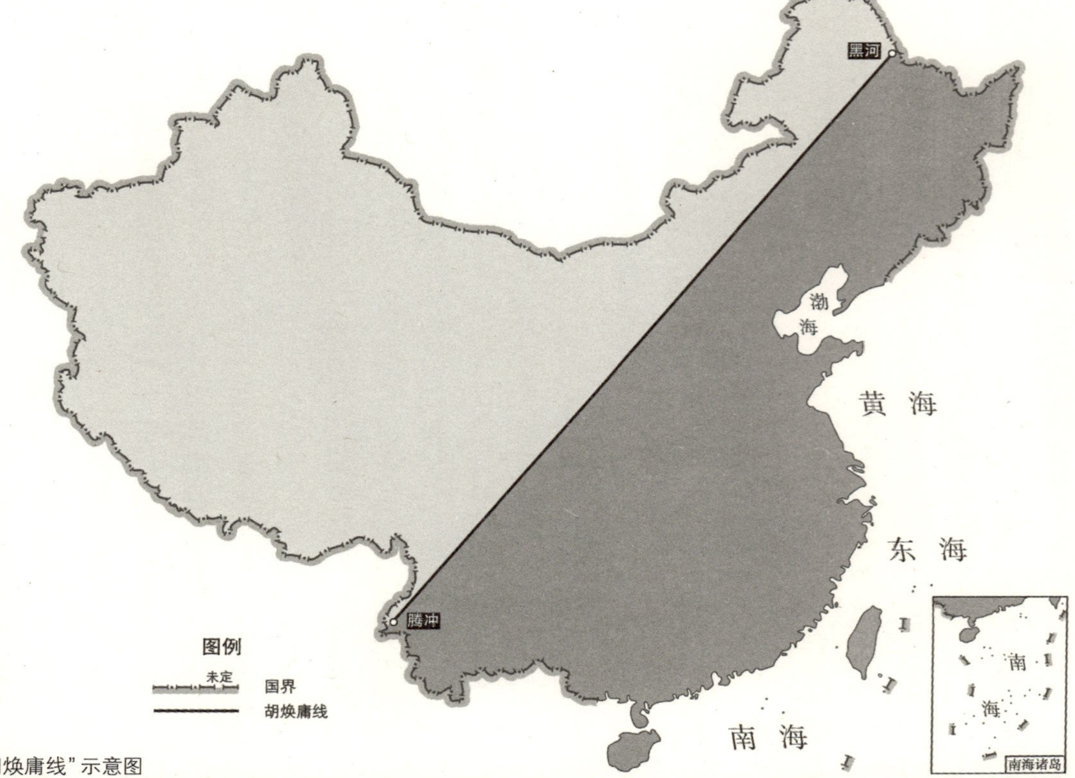

图 3.9 "胡焕庸线"示意图

地上画出的一条人口分界线。它从黑龙江的瑷珲到云南的腾冲，是从东北斜向西南的一条大界线。界线两边的人口密度极不平衡。这条线，翻山越岭，跨过高山大河，径直延伸。它为什么没有遵循山川格局？因为影响这个线路的不仅仅是地表的山河形态，还有天上的气候和地上复杂的社会历史。（图3.9）

两千多年前的司马迁所提出的经济分区的见解，为我们认识那个历史时代提供了重要的基础知识。我们一般讲的经济是社会的基础，绝不是指一些简单的经济数字，它还包括经济发展的格局。格局，就是区域地理关系。

司马迁在四大经济区的内部，还区分了许多次一级的中小区域，例如：关中、三晋、巴蜀、三河、中山、西楚、东楚、南楚等等。这些区域既有经济特点，也有文化风俗特点，司马迁的描述十分生动，读起来，就仿佛身临其境。（司马迁关于文化风俗的分区，我们后面要讲。）

司马迁为什么要把经济区域，还有经济人物，讲述得如此详细呢？他说："请略道当世千里之中，贤人所以富者，令后世得以观择焉。"意思是：我把当代千里大地上的人们致富的原委大致讲一讲，好让以后的人们能够做正确的观察与选择。

区域认同，关中

区域认同是一个人文地理概念，它的内涵很丰富，包括人们对于区域的判断：哪个区好，哪个区不好，哪个区对自己有亲切感，哪个区是完全陌生的，做哪个区的人得意，做哪个区的人郁闷，等等。

在古代，关中曾经是最令人骄傲的地区。

关中这个名字，在今天很少用，但稍一读书，特别是读中国历史的书，这个名字就频频出现了。关中在古代很有名。

关中是个地区的名字，在先秦时期就出现了。"关中"的意思就是"关的里面"，那么"关"是指哪一个？关于这个问题，古人留下了不同的说法。我们这里赞同唐朝学者颜师古的说法："自函谷关以西，总名关中。"关，是指函谷关，关中，即函谷关的里面，在函谷关以西。这里有一个相对方位的问题。称关的西边是关中，证明说话者是以函谷关的西边为"里面"的。而东边就是关外。为什么西边是里面，因为在历史的很长的一个时期，强大的都城，比如西周的丰镐、秦国的咸阳、汉唐的长安，都在关的西边，那里是天下的腹心地带，当然算里面。

从自然地理上看，关中的核心地区是陕西省秦岭北麓的渭河冲积平原，平均海拔高度在 500 米左右，渭河平原北面是一层层升高的黄土高原，西面是陇山山地。关中的东面有黄河、华山。关中平原实际上是一个不大不小的盆地。

关中盆地平原上最重要的一条河流是渭河，渭河从西到东横贯关中，最后注入黄河。渭河有一条支流也很有名，叫泾河。有一个成语"泾渭分明"，是说两件事情判然有别。泾渭为什么分明？这是一个自然地理现象。泾河之水在注入渭河的时候，两条河的水并没有立刻混合起来，而是你是你，我是我，并流了好长一段。岸上的人看下去，两股水之间有一条界线，两边水的颜色、浑浊程度都不一样，差别十分清楚，所以感慨：真是泾渭分明呀！后来，这句话被引申开来，比喻各种判然有别的事物，就变为了成语。

在人文地理上讲，关中有一个好处，既有交通性，也有独立性，两头全占着。这样的好地方在中国是不多的。说交通性，是指它四面通关，可以联络远方。比如西北面有萧关，过了萧关可以到达宁夏、甘肃地区。关中的正北方还有一些通道，可以一直到达黄河河套地区。关中的西面有大散关，号称川陕咽喉。秦汉时期，刘邦大军所谓"暗度陈仓"，就是取道这里。往东南看，有武关，过了关就可以到达南阳地区。往东更不用说，过了函谷关就是发达的中原地区。说独立性，是指它有山岭环绕的盆地特征，上面提到的那些关，和平的时候是

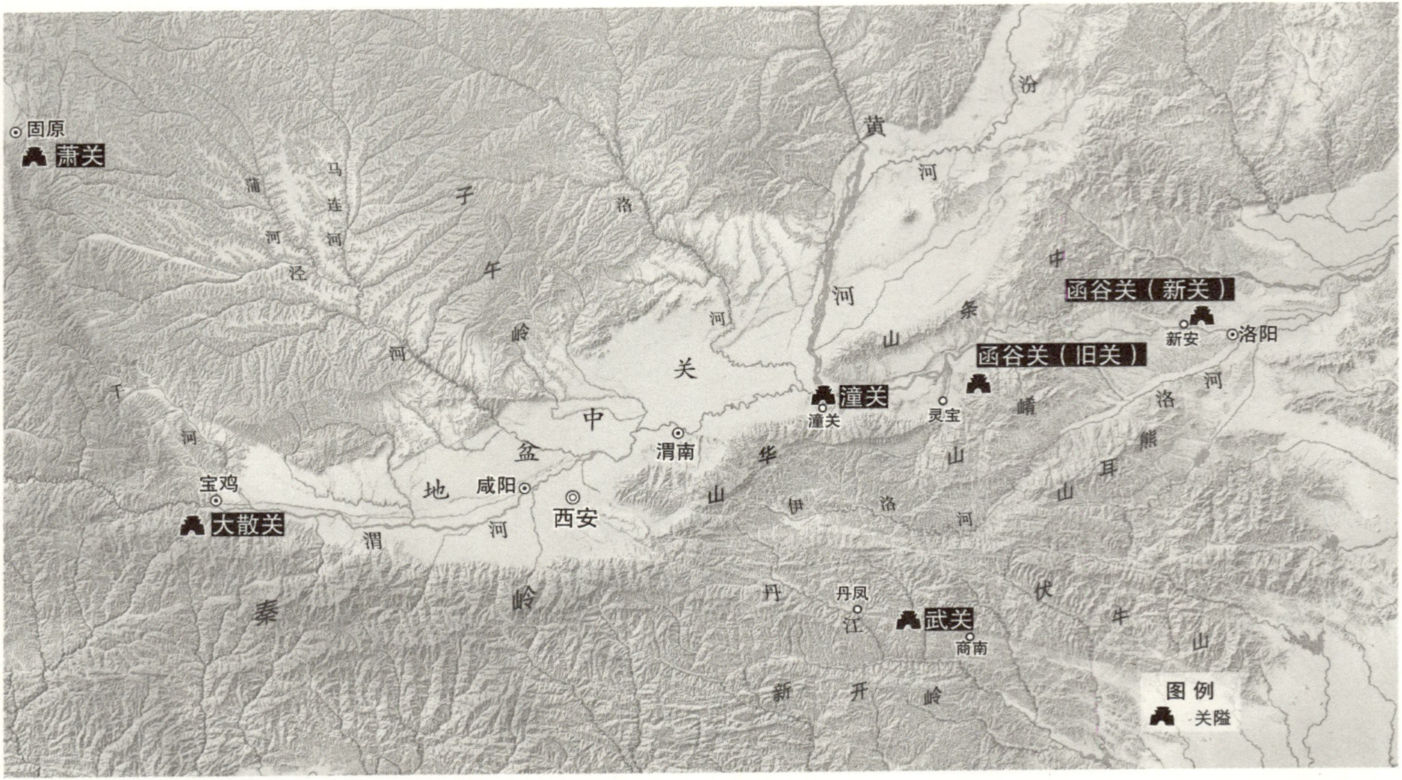

图3-10 关中平原示意图

通道，而出现威胁的时候又都是便于据守的要塞，能够为关中地区带来平安。（图3.10）

看一下当年刘邦决心定都关中时的一场对话：

> 刘敬说高帝曰："都关中。"上疑之。左右大臣皆山东人，多劝上都雒阳："雒阳东有成皋，西有崤黾，倍河，向伊雒，其固亦足恃。"留侯曰："雒阳虽有此固，其中小，不过数百里，田地薄，四面受敌，此非用武之国也。夫关中左崤函，右陇蜀，沃野千里，南有巴蜀之饶，北有胡苑之利，阻三面而守，独以一面东制诸侯，诸侯安定，河渭漕挽天下，西给京师；诸侯有变，顺流而下，足以委输。此所谓金城千里，天府之国也，刘敬说是也。"于是高帝即日驾，西都关中。（《史记·留侯世家》）

（白话翻译）：刘敬劝说高祖（刘邦）："要把国都建在关中。"皇上犹豫不决。此时身边的大臣都是家乡在崤山以东的人，他们大都劝皇上到洛阳建都，说："洛阳东有成皋，西有崤山、渑池，背靠黄河，面朝伊水、洛水，防守坚固，完全靠得住。"但是留侯张良认为："洛阳虽然有这些险要，但它地区狭小，方圆不过数百里，而且土地贫瘠，四面受敌，这在军事上是不利的。而关中地区，左边有崤山、函谷关，右边有陇山、蜀山，沃野千里，南边有富饶的巴、蜀，北方有胡人的牛马之利。关中依靠险阻而固守三面，独以一面向东，控制诸侯。诸侯安定的时候，可通过黄河、渭水转运天下的粮食，向西供给京师。如果诸侯有乱，顺流而下，足以满足出征军队的补给。此所谓金城千里，天府之国。刘敬所言是正确的。"于是，高祖当天就起驾，西进，建都关中。

原来，关中是第一个拥有"天府之国"称号的地方。关中这个盆地，平原沃野，所谓"八百里秦川"，早在远古的时候就是人类生存的好地方。考古学家在这里发现了不少新石器时代的村落遗址，有的遗址内容丰富得很，于是成为研究原始社会的标本，比如西安的半坡遗址、临潼的姜寨遗址。后来的周人、秦人在这里扎根发展，一步步壮大起来。以关中为基地，除了东方，其他方向都没有强大的对手，而自己又守着这八百里富庶的平川，怎么能不顺利壮大起来。周人以此为基地，首先统一了"天下"，建立了分封制的周朝。后来的秦人，沿着周人的办法，又一次统一了"天下"，建立了郡县制的秦朝。这两个朝代在中国古代文明的开创上，都有顶级的功劳。

司马迁说："关中之地，于天下三分之一，而人众不过什三，然量其富，什居其六。"（《史记·货殖列传》）司马迁这里用的"关中"概念，包括了秦国故地，其富冠天下的声望，再加上关中盆地里京师的至高地位，令"关中"这个区域，获得了人文上强势的、优越的地位。

因为关中是如此重要、如此发达的地区，所以生活在关中的人，都很骄傲自得。而没有在关中落下户口的人，则有些郁闷。有一个流传的故事，说西汉有位官员叫杨仆，有些功劳，"上以为能"，受到汉武帝的认可。

图3.11 老函谷关旧址，仿古建筑是现代修建的

图3.12 新(汉)函谷关遗址，关门是后代修复的

图3.13 汉瓦当上的"關"(关)字

可是有一件事情，杨仆想起来就不快。他的籍贯在函谷关以东的宜阳县，算是关外，杨仆"耻为关外民"。后来，他憋不住了，向汉武帝申请把函谷关向东搬一搬，他宁愿出钱赞助。汉武帝本来就"好广阔"，于是给了杨仆一个顺水人情，把函谷关从原来灵宝县那里，东移300里，搬到了新安县。杨仆终于如愿成了关内民。而这样，历史上就出现了两个函谷关，一新一旧。（图3.11、3.12）这个故事是喜欢搜集风俗传闻的应劭（东汉人）讲的，其情节并不可靠，把函谷关搬家其实另有原因，但故事中所透露的人们以居关中为荣的风俗应该是真实的。

不过，函谷关最终还是在东汉三国间被放弃了，而在西边离黄河自北折向东流的大拐弯处不远的地方，修建了潼关，这样，潼关又成了关中的东大门。人们开始赞美潼关，比如杜甫就有描述潼关险要的诗句："丈人视要处，窄狭容单车。艰难奋长戟，万古用一夫。"（《潼关吏》）后来的乾隆皇帝到了这里，一时兴起，把山海关的事忘了，提笔给潼关题写了"第一关"的御书。

其实，在乾隆皇帝的时候，也就是清代，关中地位的重要性已经下降很久很久了。这个变化是由于都城位置的改变而引起的。自宋朝开始，统一王朝的都城不再放在关中，而是搬到了东部，最初在开封，后来又改在北京。文人们先是改口赞扬开封，说开封是"南通淮泗，北接滑魏，舟车之所凑集"；"八荒争凑，万国咸通"；再是改口赞扬北京，说北京是"幽燕之地，龙盘虎踞，形势雄伟。南控江淮，北连朔漠"；"燕蓟为轩黄建都之地，辰山带海，形势之雄伟博大，甲于天下。我朝定鼎于兹，巩亿万载丕丕基，美矣，茂矣"。不过，不管后来的人们怎样追逐皇帝的銮舆唱赞歌，关中的历史地位却是不可动摇的。今天，每当我们阅读《史记》《汉书》《资治通鉴》，我们都会浮想联翩，感怀当初关中的盛况。

四 环境天设，人文乃成

环境，人类曾对其充满好奇和疑问。环境里面的事物太丰富、太巧妙、太神奇。它是哪儿来的？古人认为这个妙不可言的"环境"（就是周围那个大自然界），里面包含着高超的智慧。那么，又是谁的高超智慧呢？为了回答这个问题，神的概念诞生了，许多古老文明都认为是神创造并管理着世界。这个解释让人类的好奇心满足了几千年，直到近代科学诞生，神性自然的解释才慢慢消退。

不管是神性还是科学性的环境，人类在里面生活，都有好坏两个方面的体验。对于这些体验，古往今来，人类总要找出其背后的根源。除了好与坏，还有一个有趣的问题，那就是人文多样性的体验。在医生眼里，东西南北的人大概都差不多，但人们一回家过日子，不同地方的人却能过出不同的花样。这里面也有环境的影响。关于这类问题，在地理学上称为文化生态。

地理学家常说，人、地是一个系统，人的活动，从大的历史到小的地方风俗，都有环境的影响。接受环境的影响，适应环境的特点，克服环境的阻碍，是人地关系中最重要的几个方面，是人类在求得发展时，首先要做好的事情。而在这个过程中，因为面对的环境不同，就形成了不同的人文风格。

四 环境天设，人文乃成

生态：一方水土，一方人文

先看两张照片：北方山区、江南水乡。

这是两种不同的生态景观，属于居住文化。它是从天空到地面，全套自然地理要素（气候、降雨、水文、土壤）综合作用的结果。当然，中间最重要的主角——人，是决定性的。

从中国南方的文化景观（图 4.2），可以看到南方文化生态的特点，包括田地的特点、聚落的特点等等。水是南方重要的地理要素，许多文化特点都与它有关。

南方的房子与水很亲近，可以盖在池塘或小河的水边、水上，形成倒影，很好看。（图 4.3）北方有没有把房子盖在河边的？很少。在北方找村庄的倒影，找不着。（图 4.4）因为环境不同。南方的水是稳定的，像这幅图里的情况，如果水位提高半米，房子就会被淹了。房子既然在这里盖了，说明水不会涨起来。而北方的水会随着季节大起大落，大进大退。人们选择聚落的位置，当然要躲开涨水的最高位置，必须远离一般的河床主体。到河南看黄河，河床非常宽阔，两岸很远都没有房子。所以，房屋聚落与水的关系，南北不同，于是人文景观不同，各自形成一套文化生态。

图4.1 北方山区

图4.2 江南水乡

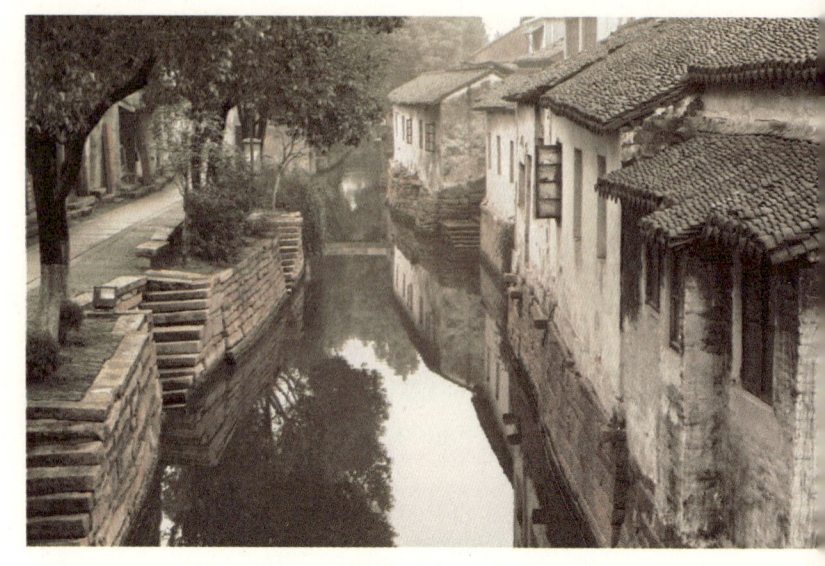

图 4.3 在南方，房子可以离水很近

图 4.4 在北方，房子要远离河水

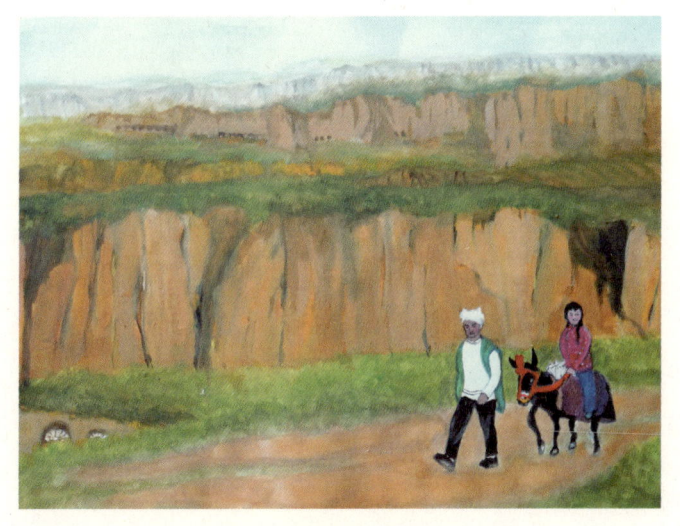

图4.5 回娘家(李心宇绘)

这是一幅回娘家的图片。(图4.5)我们看到黄土高原的环境特点，看到人的装束，看到毛驴。这是一幅完整的生态文化景观。美国文化地理学者索尔（C. Sauer）提出：路，是我们研究的地理内容，在路上走的人，也是我们研究的地理内容。在图上，我们不仅要注意小路，还要注意小路上行走的人。他们是什么人？用什么方式在"这样"的路上走？把人与环境结合起来，可以解读很多东西。

再看两张桥的照片（图4.6、4.7），一个是南方的桥，一个是北方的桥。一般看桥，容易选择纯美术的角度，欣赏它们不同的建筑美学。南方样式的桥，弧度很

四 环境天设，人文乃成 115

图4.6 南方的桥

图4.7 北方的桥

大，有线条美。北京颐和园的西堤上有一座大弧度拱桥（北京百姓称其为"罗锅桥"），那完全是为了装点风景，是皇上硬要的。北方真正实用的桥是平直的，很大气。大弧度拱桥在北方基本没有。南方、北方桥的样式的差别，最初并不是出于美学选择，而是一项文化生态的结果。南方河流纵横，是舟楫世界。桥下要走船，所以弧度必须大，上面的车走起来方便不方便，是次要的。北方是轮车世界，不大考虑船的事情，所以桥面要尽量平坦，不容许大的弧度，以便于车轮行驶，下面的船能不能过去，不大在意。桥的例子说明，许多文化景观中的事物，首先是满足生态功能的需要，定型以后，逐渐被人们提升、欣赏为地方艺术风格。这是文化生态学的很典型的小例子。

下面这个问题也很有意思。学自然地理的人都知道有"垂直气候带"，是说山区因为高度变化所产生的气候差别。而文化生态系统也是这样，除了平面的系统，还有立体的文化生态系统。我国哈尼族生活的地区就是一个立体文化生态系统的例子。这是在历史中形成的。（图4.8）

那是个山区，分上、中、下三个不同的部位。高山区温度低，湿度大，有茂密的树林，降水多，水源稳定，野生动植物资源丰富。中山区最适合盖房子居住，低山区则适合种庄稼。我们看到一个纵向结构的生态体系。在古代的生产方式下，它是个独立的小康社会。这个例子说明，人类在自然环境中生存，很善于在自然环境中

图4.8 红河哈尼梯田

发现差异,并利用这些差异巧妙安排生活的空间结构。

不过,关于哈尼族的照片,一般只有关于房子和梯田的,很难找到高山区的,因为摄影师们没有完整的立体生态概念,他们只是直观地看到房子和田地,没有注意山顶上的生态意义。

哈尼族的生态景观是一个总结,是人类开发环境、利用环境做出的合理安排,形成了一个成熟的人文体系(也就是文化生态体系)。如果是动物,它们只能直接利用环境中的资源,形成自然生态系统。但人不一样,人既可以直接消费环境资源(高山区的植物、动物),还可以间接利用环境资源(水、土壤)进行创造性生产,这就是文化。比如梯田,是改造了的土地资源,是文化地理现象。

用文化与环境对接，扩展了人类对于环境资源的利用范围与深度。人类不断地加深认识，不断地加深资源利用。在人类历史中，存在着这样一个发展的进程。

阅读窗

美国树林墓地

在美国历史的早期，东南部的一些州相对落后，对资源开发不深，环境的潜力没有完全调动起来。人们常用一个小故事来嘲讽这种情形：1890年的某一天，在南方的一个州里，一群人在松林里给一位死者修建墓地，他们在岩石地基上费力地凿出墓穴，松木棺是从俄亥俄州买的，大理石墓碑是从佛蒙特州运来的，死者穿着纽约制作的外衣、辛辛那提制作的衬衣、芝加哥制作的鞋子。当地人对于这个墓地的贡献只是一具尸体。仔细观察一下，当地并非没有资源（岩石、松木），但没有得到利用。这个例子说明，自然资源虽然存在，并不一定立即进入文化生态系统，还需要社会的发展。所以，人类文化生态的平衡不是静态的，而是与时俱进的。自然是基础，人文是推进力。动物没有文化，它们的生态系统是静态的。我们观察人类世界，在发展快的时代，隔几年就会变个样，但看动物世界，不可能几年就变，除非是受到人类的干预。

人与环境的关系

这是一个在历史中不断被讨论的问题，是一个有关地理思想性质的问题。人们在地理方面的行为中，也是有思想的。人怎么能光做事，不想事呢？

在人与环境的关系上，历史上出现过若干种见解，不同程度地摆放人与环境的比重关系。

环境决定论与文化决定论是两个极端。环境决定论大家比较熟悉，在19世纪最盛行，是把自然环境摆在最重要的位置，人的一切都是由自然环境决定的。文化决定论是另一个极端，把文化摆在最重要的位置，文化可以决定一切。

近代，在科学兴起的背景下，有句名言：知识就是力量。好像有了知识，就什么也不怕，什么都能办到。人对自然的看法曾经达到这样一个高峰，人可以改天换地，可以打造一个全新的自然。进入现代，人类对于自己更是充满自信，以为科学技术的法力无边。在一些影视作品中（特别是关于未来想象题材的作品中），可以看到完全没有自然的山、自然的水、自然的土地的场景，许多故事发生在纯粹的人造水泥钢铁塑料空间里（图4.9），人类仿佛要完全摆脱自然。走到这一步，代表了

图4.9 想象的未来世界

一个非常极端的思想，自然的山、自然的水、自然的空间都不需要了。这是一个文化决定论的巅峰时代。

在两个极端见解中间，有比较灵活的见解，不那么绝对化。"可能论"就是一种。这种思想认为，人在特定自然环境中的发展，有几种可能性，人可以选择其中任何一种，非常主动。还有一个"适应论"，把人看得稍微被动些，人不能任意做选择，而是要适应环境。

不管怎样，人类逐渐明白，人是不可能离开自然环境的。人和环境的关系，应该是和谐的关系，可持续发展的关系。从思想上认识了环境危机，就可以在实践中结束环境危机。"满足当代人的需求，又不损害后代人满足其未来需求的能力。"这是世界环境与发展委员会关于"可持续发展"的一个定义。（世界环境与发展委员会：《我们共同的未来》，1987年。）

环境是给人类预备的吗？

古希腊的大学者、大思想家亚里士多德提出，环境中有一级一级的潜能（潜在的可能），人可以把自然资源中的潜能开发出来，变为成果。比如土，可以烧成砖，把土的潜能实现成砖。变成砖之后，可以再升一个层次，砖成为潜能，用砖盖房子，实现砖的潜能。这是生态系统的层级结构。

亚里士多德还是一个著名的目的论者，他说，自然界中某一样东西的存在都是为另外一样东西做准备的。最高等级的使用者就是人类，人类高高在上，要使用自然界的一切东西。自然界仿佛就是给人类预备的。后来的基督教也这样认为，以为自然界的各种资源都是给人类预备的。

中国古代也出现过类似的观念。战国时，齐国的田氏组织聚餐，有人带来一些鱼和雁。田氏看了感叹道：老天对于人类真是厚道，又准备了五谷，又准备了鱼类禽类给我们食用。众人都高声附和。（"中坐有献鱼雁者。田氏视之，乃叹曰：'天之于民厚矣！殖五谷，生鱼鸟，以为之用。'众客和之如响。"）在座有一个十二岁的天真少年却不同意，他反驳道："狼和老虎都吃人肉，

图4.10 大鱼吃小鱼，小鱼吃虾米

难道人肉是给狼和老虎准备的吗？蚊子叮人的皮肤，难道人的皮肤是给蚊子准备的吗？"大人们都被问得哑口无言。(《列子·说符》)这个故事表达的是道家思想，道家认为事物都是自然自在的，并不存在目的关系。

实际上，自然界各类事物之间的关系不是预先设计的，而是通过选择建立的联系。在生态问题上，不注意，就容易走到目的论，好像甲物就是为了乙物才诞生的。实际上正好相反，是后者选择了前者。俗话说：大鱼吃小鱼，小鱼吃虾米。(图4.10)这实际上是自然界的一种依存关系，选择关系。不能说小鱼是为大鱼准备的，虾米是为小鱼的。这样说就等于承认人是给狼准备的，或者人是给蚊子准备的。没有这回事儿。

动物界存在生态系统，但人的生态系统问题要大得多，复杂得多。对于动物来说，选择向阳的山坡、小溪的近旁，等等，就够了。而人类的生态系统还包含对环境的改造，人类学家、历史学家提出农业革命（农业出现）、城市革命（城市出现），这是两次非常大的、具有人类意义的生态体系的建立。

人类发展农业的意图我们都知道，是人从被动接受自然、利用自然转变为主动开发自然。"开发"是关键词。由于人的活动，自然界中好像出现了一个"目的"，其实，它是人的目的，不是自然界自身的神秘目的。

农业革命是人在自然环境中所做的第一项大变革、大翻身。不过，农业是不能脱离原有环境的直接资源的。下一个革命，即城市革命，却是（表面看起来）朝着脱离自然环境的束缚的方向发展，它建立的是属于另一种性质的生态系统。

城市的建立当然要依赖周围的自然环境，要与河、湖、山、林等搞好关系。不过，在本质上，城市里面的居民生活却不一定像农村那样依赖近旁的土地，讲城市和农村的差别，这是很重要的一点。

早在汉代，人们在认识城市的时候，就已经强调城市与大道（而不是周边农田）的关系。司马迁在《史记·货殖列传》中曾对此大发议论。《盐铁论·力耕篇》也说："自京师东西南北，历山川，经郡国，诸殷富大都，无非街衢五通，商贾之所凑，万物之所殖者。"意思是，京师长安的四面八方有许多殷富的大都市，它们如此繁荣，无非是因为地处交通要道之上，有各地商人争相汇聚，各种商品尽情买卖。

城市可以从很远的地方调运物资，来支持城市生活。我们都知道美国的拉斯维加斯，看过电影《一代情枭毕

图4.11 原始时代的农具

图4.12 美国拉斯维加斯，建设在干旱的环境中

斯》(*Buggy*)的,也都知道拉斯维加斯是建设在什么样的环境中。那是个贫瘠的不毛之地,很干旱。这样的环境如果在农业时代,是没有意义的。正是人类的城市文化,推动了它的诞生。(图 4.12)

越来越发达的交通体系,成为城市的地理基础。交通行为在人类生态学上特别重要,那是一种突破简单生态系统的高超能力。利用交通手段,人可以在更大范围内整合自己的生态系统。城市并不是不要自然,而是要在更大的范围内组合自然要素。我们虽然在内地,但可以吃海里的鱼盐。人在海边,也可以使用高原的石料。这是人类独有的生态。

人类可以在辽阔的地理范围内,组建由多种要素构成的文化生态结构,城市正是这种跨自然区域组建社会生活的工具,它不仅整合自然要素,也在整合越来越多的社会文化要素。城市是生态大协作的需要,也是生态大协作的产物。城市不是自然界给人类预备的东西,城市是人类的创造。

地名与生态

地名是一种地理记忆，有些地名含有明显的生态特征。

从文化生态的角度观察地名，可以看出两类，一类是原生态的地名，一类是非原生态的地名。原生态地名是在原来的生态（或者自然生态，或者文化生态）环境中，在社会的基层形成的。而非原生态的地名，是社会的上层，或者是文化人，或者是政治家所命名的，是自上而下产生的，往往有高尚的、优美的、吉祥的含义。先看一个地名单子：

十里堡、守陵村、杏坛路、张家湾、四眼井、铁狮子坟、人民路、柳林、归绥、承德、友谊关、石家庄、西四。

在这个名单里能看出哪些是原生态地名，哪些不是原生态地名吗？十里堡，是原生态的。守陵村，守陵村在河北满城，那里果然发现了汉代的贵族大墓，算原生态的。杏坛路，北京有很多人每天从杏坛路过来，进北京师范大学的西门，这个路的名字是原生态的吗？不是。

杏坛原是曲阜孔子上课的地方，虽然这个地名与北师大有吻合的地方，但杏坛路是自上而下有意识的命名，不是本地原生态推出来的。张家湾，原生态的。四眼井，原生态的。铁狮子坟，原生态的。人民路，不是了。原生态中没有"人民"这类社会概念。柳林，是原生态的。归绥，不是。承德，不是。友谊关，不是。友谊关在20世纪50年代叫镇南关，后来觉得这名字不好，妨碍中越友谊，于是改成睦南关，但仍觉得不平等，有以我为主的味道，最后改成了友谊关。它当然不是原生态的。石家庄，原生态的。石家庄的人说，现在都成了大城市，成了省会了，名字还叫石家庄，不够档次，应改名。改名，常常是从原生态的词汇概念改成高层文化的词汇概念。北京的西四，那里原来有四个牌楼，于是叫四牌楼。它在北京城西边，所以叫西四牌楼。东边还有东四牌楼。但是汉语里念起来最舒服的名字是两个字，于是流行"西四""东四"的称呼。汉语里面叫一个字的地方也极少，一个字念起来很别扭。在人名上也是这样，叫一个字我们不习惯。

不难看出，非原生态的东西是自上而下来的，甚至是外来的。原生态是在土壤（文化土壤）里长出来的东西。非原生态的命名，不是从本地环境特征出发，而是常常用没有什么地方文化意义的普遍概念、大文化概念来命名。

下面，我们再从文化上来进一步观察地名。

地名是人文地理的基本要素，是地图的主要内容。

地名除了有生态性，还有区域性、文化性、传播性。

地名是一种依托大地的文化，展开地图，就看到大批地名。而品味这些地名，可以体会到它背后的文化、历史，是件很有意思的事情。很多人看地图，特别喜欢看地名。

不同社会文化中的地名有很大的差别。看美国地图，发现美国地名中有很多是人名，他们喜欢以人名作地名，如华盛顿、休斯敦等等。在中国地图中，则没有多少用人名来作地名的。中山，是民国时候起的地名。北京的赵登禹路，是为了纪念抗战将领。在传统时代，在清朝以前的历史时代里，找不到用人名作地名的。尤其是县以上的地名，府城、州城、省城，我们看不到人名。在民间基层有姓氏地名，如张家庄、李家庄等，但"大地方"的地名中没有这样的。现在，石家庄从小地方变成大地方了，所以许多人提议要改名。

即使是基层地名，如张家庄、李家庄、赵家村、王家村，它是家族长期居住的地方，在命名时可以叫姓，但不能叫家族的某个祖宗，把祖宗的名字放到地名上，不行，只能是把姓氏放在地名里。这反映基层文化和家族居住历史，与居住体制有关系。

中国古代更不能用帝王将相的名字作地名。美国流行这种做法，因为华盛顿伟大，华盛顿的地名到处都是。说首都华盛顿时必须加上 D.C.，否则不知道是指哪里的华盛顿。如果中国也像美国那样，因为秦始皇伟大，把许多地名叫嬴政，因为汉武帝伟大，起一堆地名叫刘彻，唐太宗伟大，再起一批地名叫李世民，行吗？两个人对话，甲问："您从哪来？"乙回答："我从康熙那儿来。""您到哪儿去？""我到李世民那儿去。"这或者把人吓死了，或者把人笑死了。为什么中国人这样做就觉得可笑，但美国人这样做我们却不觉得奇怪呢？我们用的是文化上的"双重标准"。

我们都知道，在古代中国，如果碰巧地名与皇帝的名字在某个字上重复了，那就必须要把地名里的那个字改掉，这叫避讳。比如北岳恒山，《史记》里面有时写作常山。为什么不叫恒山？因为汉朝第三个皇帝叫刘恒，就是汉文帝，从那时起，天下带恒字的地名都要改掉，于是恒山改作常山。汉代灭亡以后，常山又改回恒山。

直呼名字是不尊敬吗？直呼其名，中国人认为不敬，但在美国则不然。美国人对无论多么敬重的人，只要关系稍微近一点，就不叫你姓，而直接叫你的名了。比如一个老师叫迈克·史密斯，他的姓是后面的史密斯。在学生与他熟悉了以后，就只叫他迈克。不这么叫，反而觉得生疏。中国人直呼长辈老师的名可不行，见了老师，一定要称呼老师的姓氏，后面再加"老师"或"先生"。

其实，地名文化不是小事，在里面可以抓出一个文化的大灵魂来。为什么中国人不能用人名作地名？为什么中国人要避讳？直呼长辈、上级、尊者的名字为什么不礼貌？中国人为什么有了名字还要字、号？这里有一大套文化规矩。

现在世界上的很多地名都是历史地名，读到这样的名字，会想到古老的历史。比如邯郸，一提邯郸，我们就会想到赵国。扬州、开封也是古老的名称。中国这类地名很多，有些地名已经有两三千年的历史，比如洛阳、咸阳、太行山。

熟悉的地名，特别是家乡的地名，会给人带来亲切感，所以许多移民到了新地方却还喜欢沿用自己家乡的老名字。这样做，也可以清楚地告诉别人：我是谁。这类地名在老上海很多，比如广东街（新中国成立后改为新广路）、无锡弄等。现在北京郊区有不少以山西地名命名的村落，如霍州营、解州营、黎城营等，那也是历史上移民的结果。那里的人都说："问我祖先在何处，山西洪洞大槐树。"

在世界史中也有移民地名，特别是在殖民主义时代，有许多地名被殖民者带到了殖民地，只是，为了区别老家，殖民地名字的前边往往加个"新"字，翻译成中文就是"纽（new）"字，地名前面带纽字的多半是这类名字。其中最著名的例子是美国的纽约（New York），这里最早被荷兰人占领，称"新阿姆斯特丹"，后来被英国人夺了去，改称"新约克"，约克是英国原有的地名。中文把"纽约克"省掉一个音，变成纽约。近些年，大量华人到美国定居，在洛杉矶的一个地方，因为台湾人很多，俗称小台北，后来大陆人的数量超上来，又改称小上海。什么时候中国的某个地方俗称小纽约，中国就真的国际化了。

环境的缺陷

讲人与环境的关系,不能只讲环境的好的一面,实际上,环境中的缺陷,即所谓负面的因素,同样重要。在有些地方,负面因素是长期存在的,而有些负面因素则是以突发灾害的形式出现。历史上,对于克服环境的缺陷,或适应环境的缺陷,人们也是费尽了力气。

两面性,是自然环境固有的特征。一方面环境为人类提供了适宜的生活条件,这是主要的。但另一方面,环境的不稳定性、环境的改变,又常常成为人类的对手,让人类经受一番苦难。比如黄河,一方面我们赞美它是"母亲河",但我们也听说过"黄河百害",这种两面性没什么奇怪的。

正因为环境的缺陷会给人类带来苦难,在古代所歌颂的圣贤人物的丰功伟绩中,总有禳除灾害、拯救人类的功劳。比如女娲补天、后羿射日、大禹治水、成汤求雨的传说,都是讲这方面的故事。

有一种理论认为,有缺陷的环境不一定是坏事,它会激发人类的勇气和智慧,战胜自然界的困难,创造出新的人文成就。

英国学者汤因比(A. J. Toynbee)在研究文明发展

史的时候，提出一个挑战与应战理论。认为从推动文明的角度看，环境不能太坏，也不能太好。太坏，人类无法发展，也不可能创造出什么东西。但环境也不能太好、太优越。太优越了，人们不需要勤恳劳动，懒得去奋力开发，也创造不出什么东西。最好是在一个适度的水准上，既有适宜的基础，又存在一定的挑战，在这样的环境中，人类会不断地受到激励（去应战），向环境的深度开发，文明于是不断发展。

司马迁也有过类似的看法，在《史记·货殖列传》中，司马迁写道：

> 楚越之地，地广人希，饭稻羹鱼，或火耕而水耨，果隋蠃蛤，不待贾而足，地埶饶食，无饥馑之患，以故呰窳偷生，无积聚而多贫。是故江淮以南，无冻饿之人，亦无千金之家。（耨，nòu，除草；果隋，瓜果；蠃蛤，螺蛤；埶，执。呰窳，zǐ yǔ，苟且懒惰。）

司马迁的意思是，江南是个天然食物资源比较丰富的地方，那里的人们不用费大脑筋，不用干苦工作，生活就过得去。但另一方面，这个地方的人们又因此没有被逼出来创造性，他们的生活虽然稳定，但很消极，他们没有饿肚子的问题，但也不会下力气苦干而变得富有。司马迁的这段话，可算是对汤因比的观点的一个注解。（或者反过来，汤因比是对司马迁的注解。）

我们可以由此联想，中华文明的摇篮为什么是在黄河流域。长江流域也曾"摇"了一段时间（比如良渚文化），但摇到新石器时代晚期就摇不动了。文明是怎么创造出来的？是忙出来的。自在不成人，同样，悠闲也不成文明。

因为自然环境的原因，当然还有社会的原因（如族群对抗），黄河流域的人们要面对许多难题、许多挑战。正是在解决这些难题、挑战的过程中，一些特别的办法、措施、制度才被一项一项创造出来。要处理的事务变得复杂，文明才得以产生。在长江流域，相对来说，自然环境优越，人文关系也比较简单，不像黄河流域有各方强悍的人文群体相互博弈，所以缺乏发展复杂社会机制的动力。长江流域到了原始社会后期，原始生态体系充分发展，却再没有新的激励性因素，所以没有发生明显的社会跨越。文明是应对、处理复杂关系的社会机制，关系不复杂，社会不复杂，就不需要什么复杂的机制。

灾害带来的苦难，战胜灾害的喜悦，这两样交织在一起，形成了人类特有的情感、经验。这些东西很容易演化为一类信仰，所以龙王庙、风神庙、雨神庙纷纷被修建起来，成为一种特有的历史文化景观。

还有一种小神，个头儿不大，但在中国北方却是一个不可小看的灾害制造者，它就是蝗虫，也叫蚂蚱。

历史上的华北地区是蝗灾重发地区之一。那些年，蝗虫来临，铺天盖地，一瞬间把庄稼祸害光。老百姓没有别的办法，以为讨好蝗虫可以免灾，便修了八蜡庙、虫王庙，里面摆上好东西讨好蝗虫（人认为的好东西，

图4.13 民间祭祀虫王。中间牌位上写的是"供奉虫王爷之位"

其实蝗虫未必认可）。华北平原地区因此出现不少虫王庙。研究灾害历史的学者根据庙的分布，就可以复原当年蝗虫灾害频发的地理范围。

人类面对灾害，损失是不可避免的，但人类具有善于随机应变的智慧，这种智慧帮助人类因祸得福，改弦更张，创造出新的生态局面。下面举一个美国历史的例子吧。

事情发生在早年美国亚拉巴马州南部的一个地方。那里的人原来只种棉花，年复一年把棉花卖给北方的工厂加工，经济平稳，人们相当满足，便不思改革进取。有一年，发生了严重的棉铃虫灾害，大片棉株被咬死，收成无望，于是被迫改种了烟叶，聊作补偿。没想到，烟叶获得好收成，还卖得了大钱。这件事启发了人们多种经营的思路，从此，这个地区又种棉花，又种烟叶，变得更加富足。因为是棉铃虫唤醒了他们，教育了他们，才使这个地区的经济出现了新局面。为了纪念这场变革，他们竖立了一座棉铃虫纪念碑。(都是虫子，一个修庙，一个立碑。)这其实就是人类在开辟生态系统的进程中，从单一经营到多种经营逐步深化的故事。

一般来说，自然灾害是短期现象，而有一种环境改变，是长时期的现象。在长时段的环境变化中发生的生态系统变化，是持久而深刻的。这类变化，有时是向好的方向变，但也有时是向坏的方向变。

在中国历史上，有一桩文化生态系统长期巨变的大事，它甚至影响到历史的发展。这就是北方山区地带半农半牧文化生态区的出现。

我们先来回顾一下司马迁提出来的那个农业地区与半农半牧地区的分界线。有的学者称其为"司马迁线"。这条界线的南边是完全的农耕社会，北部是半农半牧社会。司马迁提到两个标志性地点，东北方一个，是渤海边的碣石山；西南方一个，是山陕峡谷南部的龙门山。两个地点的连线就是分隔线，或说交界线。

不过，司马迁看到的只是秦汉时代的事情。考古学研究证明，在文明早期，即距今5000年以前，这条界线并不存在。它的出现，是文化生态变化的结果，发生在距今大约3000—4000年的时候。

在中国，原始农业大约在1万多年前出现，随后繁荣发展，地理范围十分广泛。在北方，原始农业从中原一直延伸到阴山以南地区，也就是说，在山陕北部地区（司马迁所说的龙门—碣石这条线以北），也是原始农业的分布地带。考古学家在这个地区发现了典型的定居农

图4.14 内蒙古凉城王墓山新石器时代房屋遗址，这是定居生活的反映

业文化遗址，包含房屋聚落和大量原始农业生产工具。（图4.14）

问题在于，这个地区并没有像中原地区那样，沿着农业的方向继续发展下来。考古学材料显示，在原始农业遗址文化层的上面，出现了畜牧文化的遗存，也就是说，继原始农业文化之后，这个地区的生产方式转变为另一种畜牧经济形态，农业萎缩了。

造成变化的第一原因是气候变化，气候逐渐变得干冷，在这种情况下，原本发达的原始农业开始衰退，为了生存，人们改变生产形态，与人类没有食物冲突的家畜（主要是羊，猪则要与人类争食物）发展起来，畜牧业的比重越来越大，最终，社会生产呈现半农半牧的状况。

这样，北方一类新的文化生态系统出现了，它的南界，就在龙门—碣石这一线。所谓的司马迁线就是这样

四 环境天设，人文乃成

逐渐形成的，它是大范围文化生态系统变化的反映。

在这场变化中，我们看到一种地理上的连锁发展关系。当山陕北部山地畜牧社会出现之后，在更北、更西的另一个辽阔地带，也连带地获得了发展的契机。那些地带是广袤的草原（包含半干旱草原）地区，它与原始农业无缘，却是畜牧业发展的潜在天然牧场。当畜牧技术在其周边山林地带发展起来之后，草原边缘也逐渐被辟为畜牧场地。而当乘马的技术成熟之后，牧民就可以骑在马上，驱赶畜群深入宽广的草原腹地，游移放牧。于是，一种人类历史上重要的经济社会形态——草原骑马游牧社会诞生了。它是在草原周边山林徒步畜牧业的基础上发展出来的，而其空间运作规模、政治军事的整合能力，都大大胜于山林畜牧社会。草原骑马游牧社会具有特殊的文化生态系统，所创造的社会文化，对人类的历史进程有重要意义。

骑马文化是他们的重要特色之一。以中国历史为例，中原地区的马文化，就是在北方游牧民族的影响下发展起来的。战国时期，赵武灵王的《胡服骑射》是著名的故事。中原人用马，原来主要是驾车，骑马技术是向骑马游牧人学来的。

由于骑马，连带的其他文化要素也跟着来了，各种马上用品都要学，最有名的是衣着，必须要学穿适合骑马的裤子（当初被视为"胡服"）。人在骑马时的动作必须如图 4.15 所示，两腿叉开。中原人原来穿衣袍，两腿被衣袍缠绕，做不出这个动作，跨不到马背上，所以必须改穿

图4.15 汉代的骑士俑，它们是要放在马俑上的，所以做成这个姿势

长裤，从此中原也流行裤子了。这个文化变化算小吗？

文化生态系统的变化在历史中经常出现，有时自然原因是主要的（从原始农业变成畜牧业），有时人文发展是主要的（草原游牧社会的形成）。

当然，文化生态系统的变化不一定都是进步，也会有倒退。在中国的许多地区，那些年，由于过分的土地开垦，造成严重水土流失，环境逐步恶化，致使社会退步。这样的事情我们知道得很多，不需要多说了。

阅读窗
古代黄土高原的另一种居民

我们常说黄土高原培育了华夏文化，但就在黄土高原培育华夏儿女的时候，它还培育了戎狄的儿女。

四 环境天设，人文乃成 139

戎狄，是古代与华夏不同的族群，长期生活在黄土高原的北部地区，华夏文明人称他们为"蛮族"，因为他们不行"礼乐"，不修文字，不念诗书，却养太多的牲口。

华夏的文明人，庙堂列鼎中盛满了牲口肉做的肉腊、肉糜，但他们从来低视养牲口的戎狄。戎狄是黄土高原的另一种居民，但被把持历史记录大权的汉族士大夫给抹杀了。我们今人，也受了古代文人的影响，歌颂黄土高原是"大地母亲"的时候，却忘了黄土高原上的另一个兄弟。

在新石器时代，气候比今天温湿，整个黄土高原是原始农业的"一统天下"。后来气候变得干冷，黄土高原的南部问题不大，先民照样种地。但黄土高原的北部，环境逐渐恶劣，庄稼生长得越来越差。家猪要吃人的剩饭，而人已经没有剩饭了，所以猪这类东西也不易喂养了。这里的先民，在艰苦的环境中摸爬，终于找到另外一种维持生活的方式：多养到野外食草的牲畜，这些牲畜不与人争食，人还可以从其浑身索取生活资料。于是，人们一手握锄，一手执鞭，开创了大范围的半农半牧的生活方式。

由于大范围的半农半牧的生活方式的出现，在黄土高原的人文地理格局上，便出现了两个不同的区域。这两个区域，用现在的话说，是两类不同的生态系统。在南部地区，水丰温暖条件好，农业持续发展，人口与时俱增，城郭壮大，文人滋生。而在北部地区，人们要艰苦得多。他们"因射猎禽兽为生业"，"食畜肉，衣其皮革"，"各分散居蹊谷，自有君长，往往而聚者百有余戎，然莫能相一"。处在这种状态下，社会进化当然缓慢得多。于是，南、北之间在政治、文化方面的差别日益增大。后来，南部的人叫作华夏，而北部的人称为戎狄，相互反目，关系紧张了很久。

在华夏人撰写的史书中，戎狄主要是"反面角色"，除了侵犯抢掠，祸乱华夏，便没有什么正面的历史贡献。我们说，这种看法是不公平的。

戎狄正是古代处于中国北方的过渡地带，或曰边缘地带，或曰生态敏感地带的一个主角，而戎狄的起源与自然环境变化引起的整个生态变化有关，戎狄起源的过程就是中国古代北方畜牧业大面积产生的过程，我们关于戎狄的概念离不开畜牧业。戎狄的兴起反映了人类对环境变化的一种适应方式，在"适应"中也伴随着创造，畜牧业就是一个创造性的成果。司马迁称赞北方许多地方是"畜牧为天下饶"。这里面就包含了戎狄的历史贡献。

古代汉族文人看不起戎狄的人，却盛赞戎狄的马。有名的"駃騠"，就是指戎狄的骏马。《左传》记载："冀之北土，马之所生"，有"屈产之乘"，乘就是驷马。汉族文人忘了，马是人喂出来的。没有戎狄的养马技术，哪里来的北方良马。

在中国历史上，戎狄社会的贡献不仅是发展了畜牧业的规模、技术，将其抬升到生活的主要基础的地位，它还为后来草原大规模游牧经济的产生打下了必要的基础，做好了历史准备。如果说在中国北方，农畜混合经济是环境变化的推动，而草原游牧经济的出现，则主要是人类畜牧技术发展的推动。当对牲畜的控制能力增强、骑马的技术出现之后，人们就有条件彻底抛开农业，而到新的更广阔的地理空间中，大规模开展游牧活动，并建立一种新的依托大规模游牧经济的社会组织。

跳出农业社会历史的局限，放眼中国北方的辽阔大地，我们可以看到历史上人文发展的丰富性。这些人文的丰富性，是对多样地理环境的适应的结果。而所谓"适应"，对人类来说绝不是消极的。人类文明中的许多重要内容，都是在能动地适应环境的过程中创造出来的。农业是一种创造，畜牧业也是一种创造。

中国古代戎狄在地域上分布很广，黄土高原北部只是其分布地域的一部分。戎狄在地域上与华夏相邻，两方的交流其实是不可避免的。别看华夏人在观念上把戎狄贬得很低，但在实际生活中，却对他们相当"实事求是"。除了想要戎狄的马，华夏国君还想要戎狄的兵士，另外，大概戎狄女子有娇美的一面，华夏国君还要戎女来做妃子。上层是这样，社会基层恐怕更多。想到这一点，我们如果到黄土高原，缅怀它的"摇篮"历史时，就更不要忘了古代北边那些放牲口的人，我们不少人其实都是他们的后代呢。

古代华北平原上的湖泊

这又是一个生态环境变化的例子。

华北平原是中国第二大的平原（第一大是东北平原），海拔多不及百米，自西向东缓缓倾斜。现在的华北平原，田畴万顷，人烟稠密。你要是从飞机上往下看，一个个村庄星罗棋布，真是一派富庶景象。

今天的人们谈论华北平原，一般不大会涉及湖泊沼泽的事情。可是在远古时代，这里却是大小湖沼众多，河汊纵横，水占了不小的面积。认识华北平原的历史地理，就一定要知道这些湖沼。

从根本上来说，华北平原本身就是亿万年以来，由黄河和海河等水系的众多河流冲积填造而成的。自从成为平原陆地之后，它仍然受到众多河流的摆布。在广袤的平原大地表面，由于河流冲积扇的交错分布，地面高低不均，在低洼的地方就聚成了湖泊或沼泽，仅在先秦古书中记载过的，这样的湖泽就有40来个。大小河流携带着水与泥沙，不断涌入平原，在水沙平衡的情况下，这些湖泽会长期存在。

在河北、河南、山东之间的这个核心地区，曾经有两个古代湖泽最有名。（图4.17）

图 4.16 华北平原

一个是大陆泽，它位于今天邢台市东北方，古书上称它广袤百里。传说这里曾是大禹治理黄河的关键部位，大禹用疏导的方法，把黄河水从今河南那里向北分流引入大陆泽，黄河出了大陆泽以后，开始散流，形成九条河道（九是多的意思），流入海中。

大陆，是平坦的意思，叫大陆泽，说明它虽然面积广大，但水并不深。水浅，是许多古代华北湖泊的特点。这与南方的湖泊是不一样的。另外，平原茫茫，湖畔没有山。缺乏青山绿水的景色，这也与南方不同。

另一个有名的古代湖泊是巨野泽，又名大野泽，位于河南东部及山东西部，这一带是古黄河冲积扇下缘，湖泽众多，除了巨野泽外，还有雷泽、菏泽等等。古代

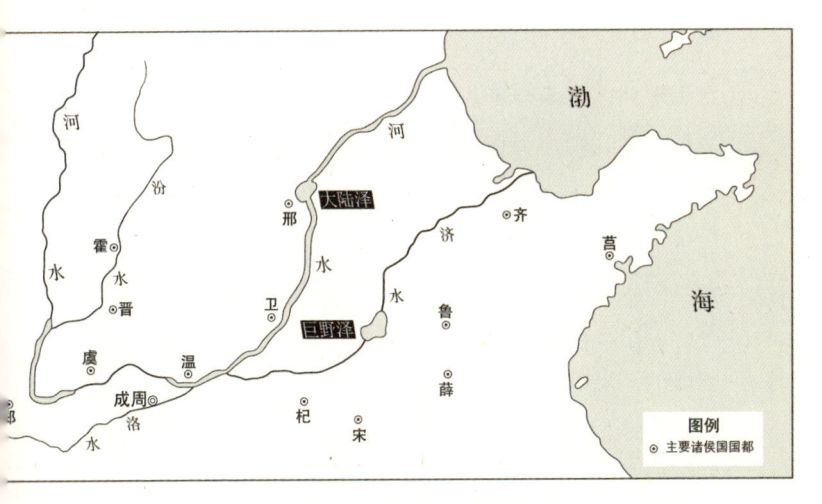

图4.17 周代的大陆泽与巨野泽示意图

有一条有名的河流在这一带流过，它就是济水。济水是古代"四渎"之一，与长江、黄河、淮河齐名，地位很高。济水中游的一段穿过巨野泽，成为巨野泽的重要水源。济水流出巨野泽后继续向东北流而进入渤海。

因为巨野泽的东方不远就是鲁国，所以鲁国人对这个湖泊最熟悉。据说巨野这个名字就是鲁国那块地方的人起的。他们从东边的山地出来，向西一望，只见一大片原野望不到边，便惊呼："巨野啊！"这样，就得了名。原野是巨野，湖泊就叫巨野泽了。今天山东还有一个县城，也叫巨野。

说到地名，中国古代很早就发明了"州"字，它早期的样子就是一幅画。（图4.18）（第三章中介绍过甲

四 环境天设，人文乃成

骨文中的写法。)州字的样子是表现水网中的一块高地。古代字典《说文解字》:"州,水中可居曰州。"在水网中选择高处立足,建立居民点,这应该就是华北平原早期的生态景观特征。可以说,最能体现州字所显示的环境特征的地区就是华北平原。后来,作为人居地点的概念被不断扩大,州,成为一个个更大的人文区域的惯用名称。到了《禹贡》的时代,又概括选出九个大州,成为疆域的总名。

择高而居,有考古学的证据。考古学家发现,在新石器时代后期(龙山文化时期),大平原的中南部,即今天濮阳一带,有一些在高丘上修建的聚落遗址,这正说明当时多水环境的特点。

华北平原上的沼泽河汊,显然会妨碍人类的交通,所以华北的南来北往的大道是沿着太行山东麓的高亢地带发展起来的。这又是古代华北的一个历史地理特点。看一下华北地区早期的城市,大多是沿着太行山东麓,从南向北分布的。

那么,古代大平原上的湖泊本身,对于当时人类的生存,有什么意义吗?

首先,在古代,虽然农业是主要的经济形态,但是在不宜从事农业生产的浅水湖泽地区,渔猎也是人们谋生的老办法。这些湖泽不深,浅水生物丰富,渔捞也很容易,所以有一定的经济价值。传说舜曾渔于雷泽,而像舜这样在湖里捕鱼的,一定还有很多普通人。古代有一个称为"虞衡"的官,就是专门管理山林川泽的经济,

战国简中的"州"字　　自然江河中的江心洲

图4.18

据说,"虞"还是舜最早设立的呢。

人们近水而居,近水劳作,在这里采集水生食物,连原始艺术家们也是用水生的材料来做创作。比如在濮阳发现的中国最早的龙虎的图形(见第一章),就是用淡水贝壳拼成的。贝壳这种材料,晶莹美观,大小均匀,耐久不变,很便于拼图,甚至是拼出具有神圣意义的图。像这样的天然材料,在其他环境中,哪里还有?

湖沼地区因为人烟稀疏,是一些野生动物的栖息地,于是湖泽地区又成为诸侯、君王们喜爱的游猎场所,水鸟和麋鹿(四不像)是他们打猎的主要对象。麋鹿栖息在沼泽地带,以青草和水草为食物,所以也会水。君王们率领大批随从,手持弓箭,在湖边水畔追逐水鸟或麋鹿,显得很威武。

古代在巨野地区最出名的一桩与君王游猎有关系的故事是"获麟"。据传说,鲁国的国君在哀公十四年

（公元前481年）到巨野一带狩猎，获得一头怪兽。孔子见了，惊呼："这是麟啊！"子贡问麟是怎么回事。孔子说：这是祥瑞之兽，本应是报告太平的，可现在哪里是太平盛世啊！现在获麟，可不是一件好事。孔子为此还落下泪来。不但落泪，就连做了许久的编写《春秋》的重要工作也没有心情再干下去了。这就是"《春秋》止于获麟"，即《春秋》这部书以获麟这件事情收尾了。

现在山东巨野县还有个麒麟镇，传说当年的"获麟"就在这一带。

这类水面辽阔、烟波浩渺的湖泊，还吸引了另外一类人，他们也喜好在这里相聚。据记载，秦朝末年，有一个叫彭越的人，活跃在巨野泽中。"彭越者，昌邑人也，字仲。常渔巨野泽中，为群盗"。原来，辽阔的水面，加上错综分布的苇荡沙洲，可以成为"群盗"们的庇护场所。在秦末的乱世中，"泽间少年相聚百余人，往从彭越"。后来刘邦起事，彭越也随着发展自己的势力，"彭越亦将其众居巨野中"。终于，彭越见机杀出巨野泽，加入刘邦一头，与项羽作战。刘邦胜利后，封彭越为梁王，都定陶。定陶就在巨野附近。(《史记·彭越列传》)

五代以后，巨野泽水面向北延展，围住了那里的一座山丘——梁山，于是"梁山泊"一名便诞生了。北宋期间，一群好汉再一次选择在这片湖荡"聚义"，演出许多脍炙人口的故事。

大陆泽、巨野泽，还有华北平原上的许多其他古代

图4.19 白洋淀

湖泊，都在历史中先后消亡，或只剩下残迹了。原因是多方面的，气候逐渐变得干旱是一个大背景。另外，是河流的变动和泥沙的淤积。华北地区的河流，受降水特点的影响，水量的季节分配极不平衡。夏季往往暴雨成灾，水势汹涌，黄河、永定河等河流的泛滥洪水在平原上反复扫荡，洪水挟带着泥沙，不知堰塞了多少湖泽。这种情况在南方是少见的。造成古代湖泽消失的，还有一个重要原因，就是人类的干预。古人对于耕地存在迫切要求，世世代代的人们不断控制人工塘陂、扩展农田，天然的湖泊沼泽也必然会越来越小。

现在，黄河、永定河等都被人工堤坝稳稳地管住，早已成为平安的河流。大平原之上，沃野连绵，村镇密

四 环境天设，人文乃成

布，也再不是远古沼泽连天的景象。

不过，在今天河北省的安新、文安地区，是华北平原相对低洼的一个地带，现在尚存湖水，最有名的就是白洋淀。《小兵张嘎》的电影就是在那里拍摄的。（图4.19）

老虎在山林，狮子在门口

老虎虽然是一种野兽，但被中国古人赋予了浓厚的文化意味，已经成为一种精神品质的象征了。关于它的成语、绘画、寓言有很多，每个中国人都知道一些。

在古代中国，还有一种猛兽，更是具有文化意义，而且只有文化意义，完全没有环境意义，那就是狮子。狮子不是生长在中国的山林，却经常在高宅广厦的大门口出现它的造型，传统皇宫的大门口，现代银行的大门口，都有狮子。（非洲人看了会很奇怪的）此外，狮子的造型也在多种民俗活动中出现，比如舞狮。

全世界的人差不多都会看到中国式的石雕狮子和舞狮活动，在世界各地的唐人街，都有狮子的形象。这些狮子的造型，静的或动的，被认为是中国文化的符号、代表物。这是个有趣的例子，证明中国文化的一些要素是在域外交流中获得的，是一个横向的文化地理传播的结果。大约东汉的时候，狮子被引入中国，从此，狮子在中国社会文化中，深深扎下根来。

狮子也是生动的，但是，从来没有一幅中国绘画作品，把狮子放置在自然环境中。从这一点来说，狮子完全没有老虎那种统治山林的"山中之王"的巍然气息。

图4.20 山中的老虎和门前的狮子

老虎的问题可能不属于文化生态，但绝对属于自然生态中的重要议题。在中国环境历史中，老虎的问题更加令人关注。

阅读窗

山中无老虎

常言道：山中无老虎，猴子称大王。在我国，没有老虎的山到处都是，许多原来有老虎的山，现在也没了，都是猴子的子孙在称大王。

老虎原是百万年前在中国这块地方起源的动物，后来虎迹扩展到西伯利亚与东南亚、南亚的不同环境中，演化成不同的虎种。所有的老虎都是形体健美，身披斑斓花纹，体型适中，性情威猛，故很得人类的敬畏。中国、印度都是多虎的国家，人们对于老虎的认知深久、品评有加，于是，老虎竟从自然史的范畴进入到文化史的范畴，成为一种文化动物。以虎为素材的文化作品、人文联想，我们张口就可以举出。

中国以有老虎而骄傲，中国人对老虎有多方面的了解、各种各样的形容。在古代，人们论及大事、大道理时，也常以老虎做比喻，例如："云从龙，风从虎，圣人作而万物睹"。(《易·上经》)这是将龙与云，虎与风，圣人与万物，互借声势，以表示壮大，最后是要说"圣人"很了不起。在人们的感觉中，虎是威猛之兽，风是震动之气，同类相感，虎啸则谷生风。中国古人善于以物类人，以动物品性比喻人的精神，老虎也被作为一种德行的象征，《易经》云："虎视耽耽，其欲逐逐"，解经的人说这是形容老虎威而不猛，不恶而严，是以虎塑造的强者之德。古人又说，"大人虎变"，"君子豹变，小人革面"。(《易·下经》)"虎变"，如其纹形彪炳，比喻宏伟的变革，"汤武革命"属于虎变。豹纹蔚缛，所以"豹变"也算"润色鸿业"。只有"小人"但能"变其颜面，容色顺上而已"。这里，老虎竟然与"小人"对照有差。当然，老虎有凶残的一面，但其彪炳的容色总令其正面的象征性更高一层，为人爱戴。

今天，环境巨变，老虎的自然生存条件受到破坏，老虎的文化生存条件也淡薄了许多。在国际大都市中生活的现代人大概已经把老虎忘记了。威猛的象征已不再是自然的老虎，而是人类的科技武器（航空母舰、原子弹），过去说"英雄虎胆"，现在说"精神原子弹"。看一看现在的山林，都是些无虎的山林。无虎，则谷风不起——自然环境丧失了一股生气。中国曾为"龙虎"之国，但现在老虎所余无几，虽有环境与野生动物保护人士正大声疾呼，但老虎生存的问题仍然严重。

保护老虎是自然环境与文化象征的双重需要。在自然方面，老虎的存在是环境质量的标尺，虎居深山，山不深，林不密，虎不生。在文化方面，"生龙"固然不会出现，但"活虎"却不能消失，如果只有无虎的山林，进而出现无虎的中国，则中国人只能空谈虎威，空作虎画，这是一种文化损失。在山川景观的文化解读上，中国需要虎，韩愈说："虎啸于谷之义可崇。"虎与山林声势相通，山林有虎则气壮，这是典型的中国式生态景观。所以保护老虎，不仅是保护中国的自然生物，也是保护中国的景观文化。中国山中不可无虎。我们想到苏轼祭奠欧阳修时的比喻，苏轼说："譬如深山大泽，龙亡而虎逝，则变怪杂出，舞鳅鳝而号狐狸。"社会没有圣贤则小人杂出，没有虎而只有狐狸的群山，则只能算是"小人"之山。

五　山水艺术

一位研究中国文学史的外国学者感慨道："自古以来，中国文学很少不谈到自然的，中国文人极少不歌唱自然的。纵观整个中国文学，我们可以发现，中国人认为只有在自然中，才有安居之地，只有在自然中，才存在真正的美。"

　　自然环境，其中的山川大地，不仅给人类提供衣食资源，也产生着精神寄托。这种寄托可以是宗教信仰，可以是政治抱负，也可以是道德隐喻。而在中国，还特别有一份美学熏陶。当中国人提到"江山"这个词的时候，产生的是对国土的政治联想。但提到"山水"这个词的时候，引发出来的却是自然审美的情怀。

　　山水审美，是中国特有的地理文化。中国人的地理知识里面，包括一个特殊的美学范畴：名胜。

南朝：歌唱自然的时代

中国人对自然之美的欣赏起源于南朝。南朝时代，是一个歌唱自然的时代，是审美性的自然观确立的时代。在都市物质文化火热发展的今天，我们不妨回到南朝去做一次"穿越"，放宽一点身心，缅怀一回祖先，体味一番那个初唱自然的时代的古歌。

在南朝以前，诗歌中已经有了对自然的吟咏，比如《诗经》。但仔细辨别，《诗经》中许多作品吟咏的与其说是"自然"，毋宁说是"自然物"。《诗经》提到自然物，目的不是为了吟咏自然，而是为了利用自然物进行所谓的"比兴"。诗中所描绘的多是自然物的形状、状态，而不是形状之美。如"昔我往矣，杨柳依依；今我来思，雨雪霏霏。行道迟迟，载渴载饥。我心伤悲，莫知我哀！"（《小雅·采薇》）诗意最后落在"我心"，离开了自然。

《楚辞》中也有自然，但那个自然是幻想世界、神仙世界。虽然有一点客观的写景与借景生情，但不是主要的。

到了辞藻华美的汉赋时期，赋中所描写的"自然"，其实范围仅限于君王的游猎场所、宫苑和都邑附近的山川，诸如后代文学中所表现的高大山川的秀美、自然景

图5.1 陶渊明

物的千姿百态,在汉赋中是基本看不到的。所以,直到汉代,文人们对于自然美还没有什么特别明确的意识。

真正的山水田园审美诗作始于东晋,而先前却是玄风盛行的时代。

西晋以来,玄学(即老子、庄子、佛家的抽象论说)昌盛,诗歌里面大多是不容易懂的玄言,称"玄言诗"。比如:"缅哉冥古,邈矣上皇。夷明太素,结纽灵网。"(《赠谢安》)"上皇""太素"是什么,今天的读诗人已经不可能明白,所以这样的诗不会在后世广泛流传。

到了东晋,有些文人感到官场充满了"尘垢",因而到山水间去"散怀"。但最初,他们还是摆脱不了玄情,虽然在诗赋中出现了风景描写的佳句,但最后一收,又回归玄情,于是抽象难懂的玄言又来了:"悟遣有之不灵,觉涉无之有间;泯色空以合迹,忽即有而得玄";"浑万象以冥观,兀同体于自然"。这篇作品叫《游天台山

五 山水艺术 159

图5.2 谢灵运

赋》，有人认为，作者孙绰并没有真的动身到天台山去，而只是"遥为其赋"，是要依托辽阔的自然来消解俗念，来调动一下超然的高情。虽然这里的"高情"最终还是玄情。但变化已经开始了。

"庄老告退，而山水方滋。"（《文心雕龙》）在东晋文学的发展中，终于出现了玄言诗消退，而山水审美诗兴起的大转变。

扭转东晋"庄老"玄言诗风，开创山水田园诗派的关键人物是陶渊明与谢灵运。陶渊明开田园派，"久在樊笼里，复得返自然"，"少无适俗韵，性本爱丘山"。他的诗平实上口，我们都能背出几句。

谢灵运开山水派，他是名门望族，但喜好山水，经常到山水间流连。谢灵运说自己"山水，性之所适"。他不喜欢"华堂"的欢乐，而喜爱"枕岩漱流"，（《游

图5.3 (隋)展子虔《游春图》

名山志》)"敢率所乐，而以作赋"。(《山居赋》)于是自然本身之美在他的笔下渐渐显露："春晚绿野秀，岩高白云屯"(《入彭蠡湖口》)，"野旷沙岸净，天高秋月明"。(《初去郡》)"秀""净""明"是自然本身之美。

由借山水"比兴"、抒情，到径直歌咏山水本身之美，是文学史里面的一个重要变化。自此，开出中国文化的一大传统，即自然审美。从那以后，自然审美的情感总是填满中国文人的胸怀，而所流露出来的华章美辞，真是数不胜数。今天，我们进小学念书，用不了几年，就会读到那些佳作。在日后的阅读中，更会接触大量脍炙人口的游览诗文。我们留连山水的性情因以油然而生，代代相传。

我们今天爱谈论"人与自然的关系"，在这一方面，祖先发明的山水审美也是这一方面大事，是人与自然的美学关系。在西方传统自然观中，大多强调自然的实用性，现在流行的人与自然的关系是生态的，强调人的生存与健康。这些当然不错，但不够丰富，缺乏审美的视角。而在中国的地理景观文化中，包含有"审美"这精彩的一章。

回想南朝那个时代，人们欣赏自然，"登山则情满于山，观海则意溢于海"，这是何等豪迈畅意！对比由大都市的声光化电搅得热火朝天的今日，有人已经淡忘了对自然的感受，而只顾到大都市去寻找现代"奇技淫巧"的雕琢之"美"，作现代都市之蛙。有这样习惯的人，即使没有时间出门，也要多读一些谢灵运、陶渊明以及其他古人的风景名篇，领略一下登山观海的畅意。

道教环境观

宗教是一个明显具有地理特征的文化现象。它有发源地,有传播过程,有景观特点。在宗教的思想、教义、习俗里面,还会包含宇宙观、地理观,这些都极大地影响着人与环境的关系。另外,宗教景观在社会中也是十分醒目的。

我们这里着重讨论道教的环境观问题,这个问题在中国人文地理中具有特殊的地位。

道教是中国本土产生的宗教,不像佛教、伊斯兰教、基督教,它们都是从境外传播进来的,那些宗教的传播路径是另外的宗教地理问题。因为产自中国的这块土地,所以道教对于中国的山川大地,有着深切的关怀。道教为我们构建了一套具有中国特色的文化江山。

我们知道,道教和山林的关系非常密切。道教宣扬的神圣世界,与其他宗教的神圣世界不同,其他宗教往往构建另外一个世界(彼岸世界),比如佛教有一个西方极乐世界,基督教也有一个天堂,它们都在人间世界之外,那个美好世界与现实世界并不沾边。道教则不然,道教虽然也推出了一个"仙境",但道教的仙境与世俗的人间世界比邻错落,并不是悬隔在十万八千里之外。道教建构的

图5.4 青城山

仙境就在人们生活的这个世界之中，东西南北到处分布，许多都可以手指，甚至可以造访到它的大门口。

仙境就在我们身边，这是道教所描述的理想世界的地理特点。而正因为此，道教对于现实世界的环境的影响就特别大。道教有十大洞天，三十六小洞天，七十二福地，它们并非远不可及，都是现实世界的名山，地理位置很明确。那些大小洞天，人们甚至可以去寻访。而佛教的西天极乐世界怎么去呢？活着的时候不行，要等死后，死了才能上西天。道教主张活着修炼，想寻访洞天就进山，不必等死。

道教十大洞天：

第一王屋山洞。第二委羽山洞。第三西城山洞。

第四西玄山洞。第五青城山洞。第六赤城山洞。第七罗浮山洞。第八句曲山洞。第九林屋山洞。第十括苍山洞。

青城山是道教的圣地（图 5.4），常有云雾缭绕。从道教文化来看，这些雾气不是普通的雾气，而是仙气。现在的自然科学家当然不会这么解读，他们会说那是水蒸气结成的一种物态。但用道教的眼光来看，是仙气。这是道教的一项文化创造，道教让我们身边的一些深山野林，让本来毫无人文活力的地方，都冒出了仙气。山洞也不再是野洞，而称洞府，加上一个"府"字，性质完全不同，感觉好多了。这些都是道教的精神构建，文化构建。

在道教描述的洞府里面，也有一套名堂，"洞之仙曹，如人间郡县聚落耳"，有仙王、仙官、仙卿，对人世能够预观。你要进洞府，必须修行，修行成仙便能进去。注意，在中国文化中，仙和神不一样（在翻译英文的时候，仙这个字很难译，有人译作 immortal），仙和人很接近，人得道成仙，仙、人之间的界限很模糊。仙人、仙境都是中国文化特有的东西。

道教改变了中国人原先对环境的一些看法，对自然环境多了一层想象。人们站在高山上，看到密林深处，会将其想象为幽幽仙境。道教对原始环境的意识形态加工，包含着一种审美，从而推动了山水艺术的形成和发展。在道教的带动下，自然林壑、尽能遥指之处，都具

投龙银简

投龙金简

图5.5

有了审美价值。这样,中国人的地理世界变得非常丰富,不仅有村镇、农田、山林、河流,还有一块块神秘的部分,那里是最美妙的仙境。越是野,越是人迹罕至,仙气越重。

人还可以和仙境仙人交流,表示尊敬,表达敬仰,表明心意。人和仙境的交流,成为中国人和环境关系的一项特殊内容。看一下图5.5,这件投龙银简是历史时期人们和仙境交流的证据,它是两个刻了字的银版,现存放在杭州的博物馆里。1955年,清理西湖的淤泥时,发现了这些银版,它们是五代十国时期的遗物,称投龙简,是君王与仙境仙人沟通的用具。

道教的仙境包括两类,一是深山,一是深水。君王和仙人交流时,将要说的虔诚言辞刻在银版上,托一个信使送去。信使是一条金龙,所以叫"金龙传驿"。所谓金龙，是金黄颜色的，也可以是铜质的。投龙应该有一个仪式，最后将金龙银版一起投入湖中。

投龙金简是一块金版，为武则天时代的遗物，是投于山中的，1982年发现于登封。（图5.5）

图5.6是仙人骑鹤图，这类画，中国人一看就明白，画的是仙人骑在仙鹤上，往来于仙境与人间。这是典型的两境之间的交通形式。仙鹤是符号，是道教地理世界的一个要素。鹤有高雅之意，古人作诗，追求高雅，称"骑鹤下扬州"。武汉建有黄鹤楼。这些都受到道教地理文化的影响。

五岳真形图反映了道教对于中国名山文化的影响。（图5.7）五个图，五个符号，代表五岳，是道教对五岳的一种加工、表述。每个岳，一个符，用这些符可以逢凶化吉。

图5.6 古代仙人乘鹤图

五 山水艺术

图 5.7　五岳真形图

道教对原有的高山文化进行再造，高山，本来就是神灵和超级力量的象征，很容易做出辟邪、逢凶化吉的引申。有学者认为，道教画的泰山符，是一幅进山图，有地形线，这些线具有等高线的意义。这是个大胆的推断。

总之，在自然观这件事情上，道教是做足了文章，在道教文化里包含着许多对自然界的认识和欣赏。

佛教传入中国，也逐渐与山林结合，可能是受到道教的影响。早期佛教重要的活动主要在大城市附近。北魏都城洛阳佛教十分繁盛，可以参看《洛阳伽蓝记》这部书。

基督教进入中国，对中国大地毫无兴趣，它是冲着人来的。基督教是哪里人多，就在哪里修教堂，哪里修了教堂，哪里就教徒多。

需要注意的是，道教虽然注重自然，却并不属于自然。我们考察道教分布时，不能只注意山林里的道观，道教毕竟是社会的产物，属于社会，要受各类社会因素的左右。道教教义大谈自然，不谈都市，而道教本身是社会的，它并不是单纯地向深山发展，而更要在社会中求壮大。据研究，唐代道教最繁盛的地方是京师长安。许多道士在谈论自然的时候，他本人却住在长安城里面。研究道教地理，作为社会成员的道士，他们的地理分布又是一个样子。

山水艺术

中国古代文化倡导一种人地审美关系，作为传统，一直延续到今天。面对美景作诗的，现在还是大有人在。

中国人面对美景时会引起诗情，由于历代诗人的咏唱，中国的许多美景也都有诗句伴随。在欣赏中国美景的时候，没有诗句是过不去的，不能算完整的美景欣赏。我们走进长江峡谷，心里会默诵"无边落木萧萧下，不尽长江滚滚来"，"两岸猿声啼不住，轻舟已过万重山"之类的诗句。看见沙漠，会默诵"大漠孤烟直"等等。景色与诗句已经不可分割了。中国人看庐山瀑布，非得念句诗不可。而外国人到庐山旅游，只看见水从很高的地方落下来，没有"飞流直下三千尺，疑是银河落九天"陪伴，并不能领略到真正的中国风景文化。

对于西方很多受基督教影响的思想家来说，倾向于视自然环境为一种物质素材，是东西，注重它们的功用，可以烧的拿回来烧，可以吃的拿回来吃。他们注重的是："人是其环境的利用者、改造者"，人类可以像工匠一样来面对自然界。

而中国古代的许多文人在面对自然景观的时候，则具有一种超越性的感悟能力，借助大地上的景观，他们

图5.8 庐山瀑布

善于理解或者欣赏出一种美的感觉来。这种感悟，是由山水景色本身唤起的，也是阅读山水诗文而培育起来的。总之，是被山水文化熏陶出来的。面对幽暗的山谷，用理性来看，山谷里面不外是石头草木，但中国式的审美感悟，会使人产生美学联想，例如"兰生幽谷"。面对长河，中国人更可以产生激昂的诗情。

"山水"这个词，在魏晋南北朝以前的古书里不多，西晋以后，尤其是在南朝的文献中，"山水"一词大量出现，比如"雅山水""乐山水""好山水""游山水"。这个词的大量运用，反映了一种新的概念意识的出现。"山水"

逐渐成为自然景观艺术的专名，比如山水画不会用别的名字，不会叫山川画、江山画，一定称山水画。

中国古代山水画的表现形式有自己的特点，它不是焦点透视，不是从一点看出去，而是远近不分，一个整体性的视角。画面虽然有一个有限的画框，但里面则让人感受到一种无限想象的空间。在想象的时候，观者不自觉地被邀请到画的里面，去做画中游。

中国山水画里面大多要有人的痕迹，不管山水占多么大的面积，微小的人文痕迹却是点睛之笔，画的灵魂要与人文共建。在高山顶上画一座房舍，于是引导观者从山脚下启程，盘旋而上，一种动态的行程被想象出来，它将在神秘空间中穿行。

比如一幅画里，山间一座小屋，山脚一条小路，它引导着一个想象：怎样从山脚的小路走到那个房子去，想象中，你在神秘的山中不断攀升，中间的过程完全不清楚。画面的安排让你在欣赏这个画的时候不自觉地走入（消失在）画中，去游历情境。那座房屋无论多么高，多么远，一定是人迹可至，其过程曲折婉转，忽隐忽现，这里追求的正是一种具有自然神秘感的审美。

有的画里，楼阁庐舍在高崖绝顶，有楼舍必有路径，只要艰难地搜索道路，一定能够到达那里。游历，就是融合，阅读画面越细，游历得越深，融入得也越深，这是一种心理上运行的特征。除非你看一眼就走，若是欣赏这幅画，一定会做画中游，一步一步，一层一层，在这个画的结构里穿行，在自然山水中穿行。这是一个表

（明）戴进《雪景山水图》　　（明）谢时臣《仿黄鹤山樵山水图》

图5.9

现人和风景之间特殊感觉的艺术形式。

有的画，山上一座房子也没有，但在山下画了半截小路，它通向哪里，任由观者想象。小路所向，是一个神秘的去处，走上小路的人也肯定是神秘人物。画的整幅是大自然，但半截小路为点睛之笔，人文的东西来了，但又消失（融入）在自然中。（图5.10）

五　山水艺术

图5.10 山前小路

山的形状无所谓，主要是表现气氛，表现意境。山水画表现的山水之美，侧重内在，外观是第二位的。要从外观进入内在，是山水审美的核心精神。在山水的神秘之处，有仙境的品质，这是内在感悟的至高境界。

自然是整体，不是局部，在观看自然景观的时候，不取狭窄视角，而是从整体上观看景观。他们要尽量展示空间的无限性。一幅画，不是让人仅仅"客观地"看一眼，而是要展现一种具有吸引力的结构，让人在画中漫步，在漫步的时候欣赏每一个局部美。

关于中国传统山水文化的特点，引发了学者们许多讨论。哲学家方东美认为，这是中国人的一种超化的自然观。超化，是人类特有的精神活动。超化，或者说超越性知悟，是指超越形体，超越功能，而升华到形而上的认知感悟。中国山水画的特点，不是追求外形的相似，山水画里面大都是变形的东西，它要描述的是一种内在美，内在的道理。

外在形体对于人类，不是最重要的。人类深刻思考、深切感悟的时候常常会闭起眼睛，瞪着眼不利于深刻思维。眼睛一闭起来，眼前这个声色世界就消失了，人便腾飞在思想世界里。这是人的一种特殊行为，动物没有，动物一闭眼睛就睡觉。人闭眼睛不一定睡觉，可能在琢磨深思，也可能在深情感悟。人闭眼的时候比睁眼的时候厉害，最高深的哲学思想、最华美的诗句很可能是闭着眼睛想出来的。（另一方面，最恶毒的阴谋诡计也可能是闭着眼睛谋划出来的。）

地理书中的名胜与诗文

在我国传统的地理知识中,包含着对自然景物的审美积累,这种积累的结果,一方面是大量颂扬景物的诗歌书画,另一方面则造就了山水林石的文化品格。在古代地理知识的记录中,也包括这些山水审美的内容,翻一翻各地地理志书所罗列的内容,常常有风景名胜这个门类。

南宋时期编写的《舆地纪胜》和《方舆胜览》,都是地理类书籍,而书名上都突出了"胜"字。胜,就是名胜。在《方舆胜览》卷首吕午的序里说,本书与"泛滥于著述而不能含咀其英华"的地理著作大不相同,"端坐窗几而欲周知天下"者,"操弄翰墨而欲得助江山"者,均可受益于本书。他的意思是,看这部地理书可以有两种收获,一是能够周知天下各地之事,二是凭借江山之秀丽而激励自己的文采。《舆地纪胜》的作者王象之也说:"收拾山川之精华以借助于笔端",也强调了欣赏美丽风景与文采的关系。

《舆地纪胜》中设立了"诗"和"四六"(骈文,以四字六字为对偶)两个项目。《方舆胜览》也含有"题咏"和"四六"这类项目。前者是辑录了前人描写地方人情景物的诗句,"四六"则以骈文的形式对各个地方

图5.11 两书的书影

的地理进行撮要。例如：

形容平江府（苏州）的经济地理特色：

军饷转输舟运自此邦而出，
户租充羡仓储亦它郡所无。（充羡，充足有余。）

（《方舆胜览》卷二）

形容成都府的交通地理特色：

扪参历井遂登蜀道之天，
就日望云不竟长安之远。（参、井为天上星宿。竟，同觉字。）

（《方舆胜览》卷五十一）

《舆地纪胜》和《方舆胜览》的文学气息很重，很受文人的欢迎。《方舆胜览》在印行之后，广泛流传了

五 山水艺术

图5.12 （清）王翚《潇湘八景》

数十年，"学士大夫家有其书"。

地理书籍中的文学传统一直受到人们的喜爱。到了清代，程晋芳还说："地理宜分识大识小二种，各自为书。""识大"是知晓天下形势，懂得各处郡国的利弊，"识小"是"以资词人学士歌咏文字之用"。古人讲地理，就是这样重视景观感受以及对这种感受的文学表述。地理与文学的紧密结合，是中国传统文化的一个强项，它影响着传统地理知识的特点，也提升并造就了中国人对大自然的审美水平与特色。

不知是谁最早开创了评选风景的先例，北宋沈括的《梦溪笔谈》一书已经谈到了用绘画和美丽辞藻点评风景的记录："度支员外郎宋迪工画，尤善为平远山水，其得意者有平沙雁落、远浦帆归、山市晴岚、江天暮雪、洞庭秋月、潇湘夜雨、烟寺晚钟、渔村落照，谓之'八景'。好事者多传之。"这是早期的最著名的一组八景，称为"潇湘八景"。

后来有"好事者"一一对应了地点，把八景的地方逐个落实。

渐渐地，在中国绝大多数地方，都出现了"八大名景"。它们仿佛成了每一个地区特有的地理要素。翻开中国的地方志，差不多都能找到当地那八个由美丽的辞藻所命名的美景。

京师的八大美景当然要排在首位，在最后一个王朝清朝所留下的北京"燕京八景"的名单是：

太液秋风　琼岛春阴　金台夕照　蓟门烟树

西山晴雪　玉泉趵突　卢沟晓月　居庸叠翠

中国人不但给风景命名、著书立说，还要给风景立碑。在自然风景区里，我们常常会看到古人在石壁、石块、石碑上的题刻。那都是一些精心选择的十分雅致的辞藻，读着那些辞藻，我们会愈加意会眼前的如画风景，

五　山水艺术

图5.13 燕京八景之一:琼岛春阴

图5.14 泰山题刻,明万历己酉年(1609年)

同时,又会赞叹古人对文辞选用得如此出神。此刻,我们同时欣赏两种美,一种是自然景色的美,一种是人类语言的美。

西洋楼，西洋景

圆明园是清代北京西郊皇家园林——"三山五园"的一部分。康熙皇帝初建，雍正皇帝扩建，到乾隆皇帝的时候建成。

"三山五园"是：香山、万寿山、玉泉山，称为三山；三座山上分别建有静宜园、清漪园（颐和园）、静明园，加上附近的畅春园和圆明园，统称五园。（圆明园本身又由三园构成：圆明园、万春园、长春园。）

在圆明园中，有一处特别的地方，在园区（长春园）的东北部，风格与众不同，称为"西洋楼"，呈现的是西洋景致。现在游人到圆明园，主要是去看西洋楼的遗址。

游人徜徉在西洋楼的废墟中，在痛感名园被毁之国难的同时，也会想象西洋楼盛时的原貌，赞叹当时选择兴建西式园林的开明决策。大家都知道，在那个时代，中西文化交流是多么艰难，而又多么重要。

在遗址中看到的，主要是坍塌了的雕刻精美的石质建筑构件。人们一眼便可以看出，当初，它们所组成的西洋楼与中国的砖木建筑是多么不同。其实，作为西式园林，本来还有几样景观与中式园林大为迥异，只是因

五 山水艺术

图5.15 西方城市中的喷泉

为那些景观必须在园林完好运转的情况下才能显现，在如今的废墟中，游人是不可能见到了。这里介绍两样最具代表性的西式园林景观。

一是水之美景。

中国人欣赏水之美，是基于"水向低处流"的自然形态，瀑布、流泉、叠水等都是这样。即使是百分之百的人造景观，也要做成自自然然的样子，连几案上摆放的小盆景，也要仿佛天成。而西方哲学提倡变革自然，展现人的智力，所以，反自然便成为美。西方的水之美，不是向下流，而是向上喷，人造喷泉是他们的代表作。（图5.15）

圆明园西洋楼遗址群中，有一处由保存尚好的石刻贝壳所标志的水池遗址，这曾是一处精心设计的水景。

据说，最初的设计是要在水池周边安放若干石雕人像，多半是裸体或半裸体的，这是古希腊、古罗马的风格。中国皇帝当然不容许裸体形象出现在御园中，所以改换了中式的十二生肖像。（图5.16）而与中国传统不同的是，它们都要口中喷水，喷向水池中央，由喷射的弧形水线织成美丽的西式水景。

水向天行，违反中国哲学提倡的境界，却反映西方哲学的主旨，即用人类的智力，改变自然的原形。运用西法所出现的美，已经不是自然之美，而是人力之美。中国人看到水上行，以为是一种西洋法术，所以称之为"大水法"。

我们现在都知道，水上行，要有水压。所以，在圆明园"大水法"遗址旁边有一个高台遗址，曾是喷泉形成的关键设施。这个高台称作"蓄水楼"，上面曾经是一个贮水池，现在仅剩台基（图5.17），并不引人注意。当年就是靠它，形成水压，在近旁的几个地方产生喷泉。在西方文化的本部，即古罗马城里，曾有喷泉上百，为了保持高水位，向罗马城内输水的水渠都是被高高架起的。

二是树之美景。

在能看到的关于早期圆明园的图画中，有不少造型奇怪的树木，有的像糖葫芦，有的像螺丝转。（图5.18，5.19）这些树显然都是被人工修剪成这个样子的，他们认为，这样的树，很美。真不知当年的乾隆皇帝是否认同这一点。

乾隆在一首诗（《题唐岱山水便面》）中写道："峰容

图 5.16　圆明园海晏堂前喷水池两侧的十二生肖

图 5.17　圆明园西洋楼区蓄水楼基址

树态总天真。"天真，也就是天然，这是中国人欣赏树之美的原则。在中国传统绘画中，有很多苍松、垂柳、藤萝。古松那扭曲皲裂的躯干、垂柳那柔顺飘逸的枝条，正是画家捕捉的气质。中国画家会拒绝描绘方形的树冠或圆锥形的树体。中国的园林艺术家也不会把树木剪成

图5.18 (清)郎世宁西洋楼铜版画"大水法正面"

图5.19 (清)郎世宁西洋楼铜版画"蓄水楼东面"

抽象的几何造型，那样，便失去了天真。

不知当初西洋楼景区的树木是否果然如画上所表示的样子，或许洋楼就是要配上这样形状的树木。

我们还注意到，西方的城市规划虽然不讲对称，但在园林设计中却很注重对称。例如西方园林文化的典

五　山水艺术　185

图 5.20 法国巴黎凡尔赛花园中的树

型——法国凡尔赛宫的园林，仿佛就是用尺子和圆规规划的，那里没有通幽的曲径，只有笔直的景观廊道。对称，成为典型景观，如果左边是八棵树，右边也要八棵树，如果左边有雕像，右边就不能空着。在西式园林里，不是追求天人合一，而是陈列被人类改造了的新的姿态，那是在表达人类的理性美。（图 5.20）

六　千里不同俗

"百里不同风，千里不同俗"，这是汉代人的说法，他们清清楚楚地看到了这个今天称之为"文化地理"的现象。在他们当时的语言中，风与俗不一样，"凡民函五常之性，而其刚柔缓急，音声不同，系水土之风气，故谓之风；好恶取舍，动静亡常，随君上之情欲，故谓之俗"。意思是，一个地方的水土，也就是自然生态环境，影响着人们的性格、语调、歌谣等等，这类事情叫风。而社会中人的好恶，尤其是上流人物的情欲，影响着人们的趣味、欲望、追求等等，这类事情叫俗。两样加起来，就称为风俗。

在现代知识中，风与俗已经没有这么仔细的分辨，我们都是两个字连用，风俗的意思也是很清楚的。风俗包含的内容很广泛，有物质的方面，比如饮食、服饰、民居、生活器具等等；也有精神的方面，比如方言、民歌、戏曲、信仰等等；还有类似制度方面的，比如婚丧嫁娶的仪式等等。讲风俗地理，也就是讲各地不同的风俗习惯，讲它们的地区差异。这是文化地理中很重要的内容。

今天，旅游是一项很热门的活动，旅游者到各个地方去转悠，很多人就是去观看各地有趣的风俗。只要风俗不一样，就会吸引人。百里不同风，千里不同俗，所以，要想看到有趣的风俗，跑得越远越好。

不过，讲风俗地理的时候，主要是就一个国家之内各地的风俗差异而言。而国家与国家之间，虽然会有风俗差异，但不会用风俗地理这个概念。国与国的差异，一般会更深刻一些，用政治差异、文明差异、社会制度差异等描述更合适。

所以，领土辽阔的国家，风俗地理的问题才会比较突出，也才值得讲。千里不同俗，这就是地理上的基本特征，没有足够的距离，不大会产生风俗的差异，除非有高岭深渊的分隔。汉朝，是一个领土辽阔的国家，所以出现明显的地区风俗差异。对社会历史做仔细观察的司马迁，早就看到了这一点。

司马迁的描述

人生活在地理环境中，也生活在历史环境中，两方面加起来，塑造出不同的风俗。司马迁就是从这两个方面出发，观察并描述了当时的风俗，这些内容，我们可以看作是汉代的文化地理。

司马迁所观察出来的风俗分区，大多都有战国时期那些诸侯国的地理背景，他列举的风俗区域主要有：关中、三河、燕地、齐地、邹鲁、梁宋、颍川和南阳、西楚、东楚、南楚等等。很多都是用诸侯国的名字做地区的名字。另外要说一下的是，关于风俗区的划分，并不会十分精细，一般只是大略地分别一下。

描述风俗，或者辨别风俗的差异，可以有许多观察点，司马迁的观察点大多在人的性情：有的地方重文轻武（鲁地），有的地方反过来，重武轻文（代地），有的地方的人足智多谋（齐地），有的地方人品厚重（梁宋），有的地方的人巧说少信（南楚），有些地方的人雕捍少虑（燕），有的地方有先王遗风（关中）。总的说来，北部、西部地区出军事家较多，而东部出文臣较多，俗称"山东出相，山西出将"。

前面说过，风俗的形成与自然地理环境和历史社会环境有关系。司马迁在谈各地风俗时，注意到了风俗形成的背景。鲁地为什么"俗好儒"，因为有周公的遗留风气。关中因为有先王遗风，也就是周秦时代的国君和朝廷大多在这里，所以重视农业。上谷至辽东（东北地区）"地踔远，人民希"，所以"民雕捍少虑"，比较鲁莽。

读一下司马迁关于越和三楚地区风俗的描述：

> 越、楚则有三俗。夫自淮北沛、陈、汝南、南郡，此西楚也。其俗剽轻，易发怒，地薄，寡于积聚。江陵故郢都，西通巫、巴，东有云梦之饶。陈在楚夏之交，通鱼盐之货，其民多贾。徐、僮、取虑，则清刻，矜已诺。

（三俗：西楚、东楚、南楚三地不同俗。云梦：古湖泊名。楚夏之交：陈的南面为楚，北面为古代的夏，位于二者交接之处。取虑，地名。清刻：清廉严格。矜：注重。已诺：自己的承诺。）

> 彭城以东，东海、吴、广陵，此东楚也。其俗类徐、僮。朐、缯以北，俗则齐。浙江南则越。夫吴自阖庐、春申、王濞三人招致天下之喜游子弟，东有海盐之饶，章山之铜，三江、五湖之利，亦江东一都会也。

（俗则齐：风俗与齐地类同。浙江：指钱塘江。）

衡山、九江、江南、豫章、长沙，是南楚也，其俗大类西楚。郢之后徙寿春，亦一都会也。而合肥受南北潮，皮革、鲍、木输会也。与闽中、于越杂俗，故南楚好辞，巧说少信。江南卑湿，丈夫早夭。多竹木。豫章出黄金，长沙出连、锡，然堇堇物之所有，取之不足以更费。九疑、苍梧以南至儋耳者，与江南大同俗，而杨越多焉。

（南北潮：比喻在南面长江、北面淮河之间。输会：货物集散。堇堇：仅仅。更费：抵偿支出。九疑：即九疑山。疑，又作"嶷"。大：大致，大体。）

司马迁讲的风俗，大多是精神气质方面的东西。对这类风俗不能小看，它们可以在政治生活中找到价值，产生重要影响。例如知人善任，是政治领袖必备的素质，而要全面了解一个人，知道他的家乡背景、风俗习惯，总归是有帮助的。

司马迁写《史记》，说自己要究天人之际，通古今之变。其实，他不仅通古今之变，也通东西南北之变，也就是熟悉各地的地理差异。这在那个没有现代交通与信息手段的时代，对天下事能够如此了然，真是很不容易！

司马迁对于风俗地理的观察与描述，影响了后世历史学家的写作。到了东汉，班固编纂《汉书》的时候，也继续对风俗地理进行仔细的记述，这主要表现在《汉

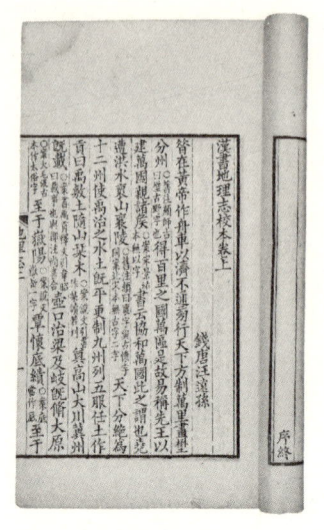

《汉书·地理志》书影

《风俗通义》书影

图6.1

书·地理志》里。要知道,《汉书·地理志》乃是中国历史上第一篇以地理作题目的正式文本,在地理学发展史中,意义是很大的。

在东汉末年,有一位泰山太守,叫应劭,他写成了中国最早的风俗专著《风俗通义》,这样,风俗的问题就成了一项专门的知识。中国这么大,风俗的问题的确不是个小事情。

乡音难改

语言是人类特有的文化,从地理方面观察,语言的语音、词汇都反映环境的特点,具有生态性、区域性、传播性三大地理特性。

语言内容是在自然环境与社会环境中生成的,有原生态的词汇,也有文化交流传播的词汇。在语言中,区域文化含量很大,语音与词汇反映区域文化特点,某人一张口,我们就知道他的地域背景,他的故乡(母文化区)在哪里,是老派人还是新潮人,文化水平如何,等等。有一个北京人,节日时上了天安门,兴奋地说:"我上城楼子了!"这是老北京人的说法,不是老北京,不会把天安门叫"城楼子"。

世界上不同的语言有几千种,各种语言都有一定的地理区域范围。在世界各种语言中,中国汉语的生态区域最大,因为区域大,汉语区内又分成不同的方言区。方言的丰富性,谁也比不上汉语。

中国汉语方言的分布大概有7大方言区:官话(北方)方言、客家方言、湘方言、赣方言、吴方言、粤方言、闽方言。这是讲汉语方言地理的时候最常说的几个区。如果稍微细化一点儿,不止这7个区,每一个大区还可以分亚区，数量远远多于7个。

在这幅汉语方言分布地图中，（图6.2）官话（北方）方言占了绝大部分面积，从黑龙江一直到云南都是它的天下，使用人口差不多占汉族人口的四分之三。这样的分布形势，是历史造成的，人口的迁徙、经济文化的频繁交流，是其重要的背景。

其他6大汉语方言多数集中在中国的东南部。这种分布有自然地理基础，东南多山，人的流动性本来就小，再加上一些人文历史原因，造成那里比较细密的方言分布状况。

关于方言的存在，不是个晚近的事情。中国历史这么悠久，而且很早就形成了大地域的国土，所以方言差异的问题很早就出现了。

在战国时代《孟子》这部书中，记载了孟子与戴不胜的一段对话。

> 孟子谓戴不胜曰："子欲子之王之善与？我明告子。有楚大夫于此，欲其子之齐语也，则使齐人傅诸？使楚人傅诸？"曰："使齐人傅之。"曰："一齐人傅之，众楚人咻之，虽日挞而求其齐也，不可得矣。引而置之庄岳之间数年，虽日挞而求其楚，亦不可得矣。"（《滕文公下》）

（孟子对戴不胜说："你是想有一位好的国君吧？我来告诉你吧。有一位楚国的大夫在这里，想让自己的孩

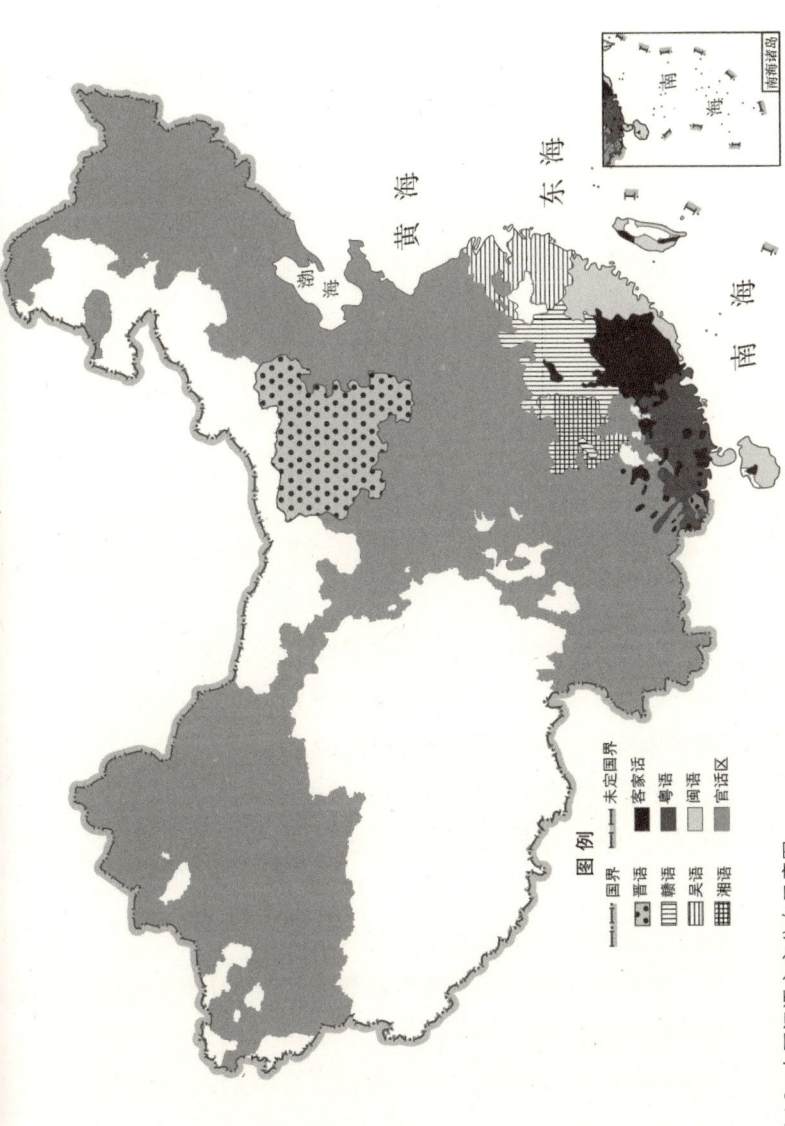

图 6.2 中国汉语方言分布示意图

子说齐语，那么是请齐国的老师呢，还是请楚国的老师？"戴不胜说："请齐国的老师。"孟子说："一个齐国老师教他，一群楚国人在他周围喧哗，虽然每天用鞭子逼他讲齐语，也是办不到的。假如带他到齐国城里住几年，虽然每天用鞭子逼他讲楚语，也同样是办不到的。"）

孟子是用这个学习语言的故事讲述一个道理：想要有个好国君，而周围都是奸臣坏蛋，那国君自己想做好，也是不可能的。

故事里面所说的"齐语""楚语"是不同的语言，二者之间存在的当然不会是外语那样的差别，而只是方言的不同。这是战国时期在中国存在方言的一个证明。

关于外语的问题，古人另有记录。汉代张骞通西域，发现西域人讲许多不同的语言，与最远方来的人讲话，需要"重九译"，意思是中间要坐八九个翻译，一个人翻一种语言，翻译接力。这样的翻译场面真够热闹的。

想象起来，"重九译"是很容易出问题的，在这头说要喝水，一个个翻译接力过去，可能就变成洗手了。

中国古人认为，语言乱，是文化不发达的特征。边陲属于化外之地，也就是野蛮之地，别说是没有诗书礼仪，讲的话也与鸟兽的声音没有太大差别，东汉大学者郑玄说夷狄人通鸟兽之语。当然，这些看法都是很不对的。

在中国历史上，汉语的扩展属于一种文化传播现象。而移民是文化传播最痛快的形式，是地域间文化传播效率最高的形式，它不需要一个慢慢学习的过程。特别是，有的移民是集团式的移民，其文化传播的效率和文化的完整性就更高。

中国汉语方言地理的分布就受到大移民的影响。在中国历史上，影响华夏方言（本来在黄河流域）向南传播的，有三次大移民，即公元4世纪的"永嘉之乱"、8世纪的"安史之乱"、12世纪的"靖康之难"。当时的社会背景不是"乱"就是"难"，原因都是社会大动荡。移民使语言的分布向远方扩展，在南方很远的地方也出现了北方方言。当然，这些都是很久以前的事情，关于今天的方言格局的形成，还有其他更多的历史原因。

历史上移民的具体过程是复杂的，移民的形式也是多样的。有的移民的落脚地，集中在一块不大的地理区域内，这会造成外来方言的"孤岛"。比如杭州一带，本来是吴语的世界，靖康之难时，开封的皇帝率领王公大臣一窝蜂涌进杭州城，改变了杭州城里的口音。我们现在去杭州，会感到城里的人讲话与周围远郊区人的口音有些不同。城里语言有更多的北方因素，这是当年移民文化的遗产。

广东、福建、江西接界地带的客家人，原来也不是当地人，是"客人"，也是北方人以集团的形式移民到了这里。他们长期驻扎，自成群体，不和当地人混合，渐渐形成那个地方独立的文化群体，他们的讲话与周围人不一样，一直保留有中原古音。有学者甚至认为他们的某些房屋形式，与当初北方战乱时代出现的坞壁有些关系，所以像封闭的城堡。（图6.3）如果真是这样，这个历史渊源就更早了，一下子到了曹操、刘备的时代。

六 千里不同俗

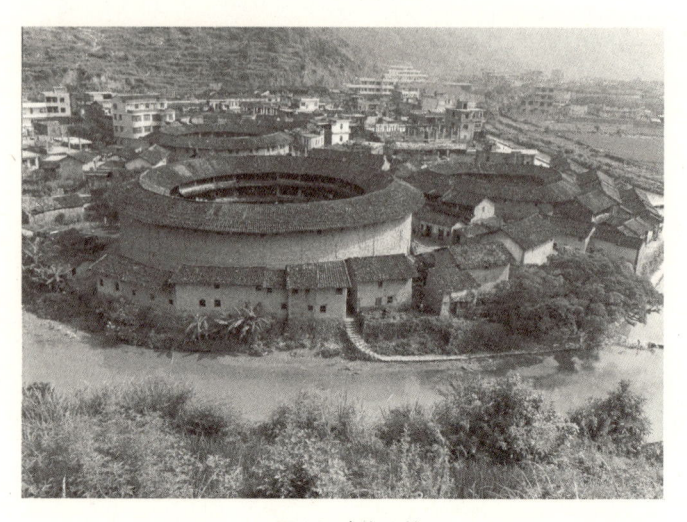

图6.3 客家土楼

中国很多文化现象确实有久远的历史，历史大移民，是方言分布局面变动的主干性的原因。

据研究，稳定的行政区划对于方言的发展起到制约作用。中国人习惯于生活在稳定的行政区划里，到今天这个习惯还有。建立稳定的行政区划，是维持中国社会稳定的重要手段。这种与权力相对应的社会区域性，为文化发展提供了稳定的外因。人们对于行政区划的归属感与对文化的归属感是差不多一致的，我们常常用政区的名字作为文化区的名字。说山东人与说有山东文化的人是一样的意思。长期稳定的行政区划给人们带来稳定的文化心态。一个稳定的行政区划会推动一个稳定的方言区域的形成。学者们发现，许多方言分区与中级行政区（县上面一级的政区）大体吻合。

在方言地理中，还有一种稍微复杂的现象，即权威土语（当地人最高看的一种口音），它说明，语言的文化差异不只在语言本身。在一个语言复杂的环境中，一般是以文化先进的城市为依托，流行一种权威土语，人们都认为讲这个口音最体面。

在大都市里，随着都市行政区划归属的变化，时髦的权威土语也会变化。学者考察过上海地区的权威土语的变化。明朝的时候，上海只是一个小城镇，其行政中心在嘉兴，嘉兴话在上海是最时髦的、最体面的口音。到清代，上海归苏州管，于是苏州话变成最体面的。到了现代，上海自成中心，自然地，地道的上海话就成了最时髦、最权威的土语。权威土语随着行政中心的转移而被重新选择，这也是一种文化现象，和移民的情形不同，其变化受到其他因素的影响。有社会威权撑腰的方言会格外受到"待见"（崇尚）。口音竞争靠背后的实力，这完全是人文关系。

这种现象现在有没有？方言分布好像已成定局，那么哪一种声音最体面、最时髦？小品里面东北话时髦，但在实际生活中并不流行。现在有一种口音又时髦又体面，说不清它是台湾口音、香港口音，还是普通话。明星在媒体露面，大多讲这种口音。不管这些明星是哪儿的人，都能拿捏出那种味道来。社会上许多年轻人，也很善于模仿这种声音。在中国，这种口音与现代化同步而来。

在方言、口音问题上，人不是全然被动的，也会选择。所谓文化认同，包含两个概念，一个是归属，一个是选择。归属，是水土带给你的，逃不掉。但你是大活人，你可以选择。怎样选择？当然是按照价值观来选择。在主动选择的时候，有时候要告别你的归属，要掩饰你的归属。在方言口音方面，从不同地方来的人在心中肯定有个自我评估，评估家乡口音的地位。有些地方来的人要尽量掩饰自己的口音，有些地方来的人要尽量展现自己的口音，这里面有语言文化价值观。在崇尚革命的年代，老革命，越老的革命者，就越讲四川话、江西话、湖南话，那种方言令人敬重，很多大首长都是那样讲话，首长越大，方言越重。讲普通话反而没有意思。举个例子，"中华人民共和国"（湖南口音），在天安门上用方言一念，很有气势，非常首长。如果用普通话念，就是广播员。（可演习一下。）

方言的地位与时代价值观挂钩，方言成为一种符号，一种价值的符号，给人不同的文化感受。香港电影里，土气的角色一出场，一定是讲北方话，这是香港电影的符号特点。内地人都记得，改革大潮一来，价值变化，广东话来了，然后台湾话来了。

现在，有一种超越区域文化的东西，叫大众文化，流行文化，内涵非常宽泛，侵入大部分的空间，占领了大部分景观。流行文化与语音也有对应。在流行文化里面出现了一种口音，很时髦，比如前面说过的明星口音。这类口音是媒体口音，已经没有地方区域的定位。现代化造成很多区域性、地方性的丧失（placelessness），包括口音。

一般说来，方言的培育需要有相对封闭的空间环境，但有些方言的形成是融合而成。可以说有两条路径。据学者研究，在中国的中古时代，契丹人进入北京地区，一方面，契丹人学习汉语，但另一方面，又导致汉语口语里融入契丹发音。后来的清朝，满族人进入北京，也有这个特点。北京话就是这样逐渐形成的。

从地理上看，有方言接触带、接触区，在那里，不同方言的竞争，产生权威土语现象。

因为中国的方言差异太大，因此中国有方言字典，比如《潮汕字典》，有不同方言的发音对照。例如我、杯、走三个字在普通话与广东话里的发音分别被标注为：

	普通话	广东话
我	wǒ	ηo
杯	bēi	buoy
走	zǒu	zhao

中国需要语音规范，即国家标准的官方口音。有故事说民国初期，很多议员来自广东，提出用广东话来做官方的标准口音。孙中山不同意，最后决定用北方的官话作为政府的官方语言。

最后提示一点，方言文化是纯粹的非物质文化，它甚至不可能有物质符号。像饮食、服饰、房屋都可以有物质符号，放一碗豆汁儿，代表北京饮食文化；扎一个白羊肚头巾，是陕北服饰文化；做一个帐篷的模型，是草原文化；画一个脸谱，代表中国戏曲文化。但是，能给方言一个物质形状吗？能做出一个小东西代表上海话，再另做出一个小东西代表广东话吗？做不出来。有很多精神文化，无法给它们物质外形。这类文化必须依托在活人身上，死人都不行。

四方有佳肴

饮食是一项重要的中国文化名片，它有很强的地理分布特征。

在给饮食文化地理进行分类的时候，可以按照不同的层次进行。粗分，在最宏观的层面上，可以是四大菜系，稍微具体一些，可以是八大菜系。这些菜系都是在历史中形成的，都可以在地图上表示它们的诞生地。

不同菜系的形成，也是有自然与人文两方面的原因。自然环境，特别是自然物产，是地区饮食特色的基础。另外，生态环境特点，气候特点，也都影响人类的饮食构成。西南部的人，因为环境中湿气重，所以爱吃辣。北方天气寒冷，人们需要较多热量，所以喜欢肉类，且味道偏咸。海边人吃海鲜较多，这个不用解释。南方气温高，食物不易保鲜，所以人们发明许多腌制保存方法，腊肉、火腿都很有名。

人文因素，是比较复杂的影响因素，与历史、文化、宗教都有关系。还有些是偶然落下的习惯，没有太多道理，就是"我爱吃"。比如北京人爱喝豆汁，他们为什么爱喝这种怪味的东西，没有大道理，就是"好这一口儿"。

饮食菜系的地方特色，在中国最明显，美国的历史不长，虽然领土很大，但各地吃东西都差不多，不像中国的差别这么大，样数这么多。所以，在中国会有吃惯吃不惯的问题。请客人到家里吃饭，吃完了，会问他"吃得惯吗"？这个话题在中国人生活当中很普遍。常常有一个地方的人说另一个地方的饭不好吃的情况，南方人说北方的饭太粗，北方人说南方的菜太淡。南方人与北方人结婚，朋友们会瞎操心："吃得到一块儿吗？"这种风俗文化的地理差别，在我们生活中每天看到，也每天都在发生变化。

举一个饮食文化的小故事。毛泽东是湖南人，但他在陕北生活了很长时间。新中国成立后，又在北京城里生活了很多年。在北京城，他只去过一家饭馆，这家饭馆在新街口，过去叫西安食堂，现在叫西安饭庄。北京饭馆、饭庄这么多，却只有这家饭店可以骄傲地在宣传材料上写下：某年某月某日，毛泽东主席光临本店。这个饭店卖什么呢？主要是陕西泡馍。毛泽东为什么去吃泡馍，或许这会唤起他对陕北十三年生活的记忆。

泡馍本来分布的地理范围很小，主要在陕西。这种风俗被人接受，要有一个过程。而一旦被人接受之后，便不限于原来的地域。人离开那个地方，仍不放弃文化记忆，仍然要追回当初那个地方的生活记忆。风俗本来是地方性的，但后来转化为人的习性，随着人走。这是一种特殊的文化传播现象，说明文化的本质载体是人。现在又有了"毛家菜"，主要在北京、韶山。毛家菜与湖南菜没有多大差别，但必须开在北京或韶山才显得地

图6.4 发菜

道，这个地理原因很清楚。

人类社会是有组织的，包含各种体系，政治体系、文化体系、商业体系等等。不能小看这些体系，它们可以帮助人类克服自然地理的限制，打破环境设下的格局。在饮食地理这件事情上，就有很好的例子。

我们强调环境生态决定地方饮食特点，其实，是有例外的。有些地方的习惯性饮食，并不是依赖本地物产，而是取自远方，甚至千里之外。举两个例子。

一个例子是广东人的发菜。

广东人过节，不能没有发菜，因为发菜是"发财"的谐音，讲究口彩的广东人很重视它，吃发菜已成为广东人的传统。（图6.4）而发菜属于藻类，颜色黑而纤细，像头发的样子，主要产于西北比较干旱的地区，例如内蒙古、宁夏、陕、甘、青等地。

发菜名字吉利，味道也不错。清朝人李渔在《闲情偶

六 千里不同俗

寄》中称赞道：把西秦产的头发菜"浸以滚水，拌以姜醋，其可口倍于藕丝、鹿角等菜"。（西秦，指西北地区。）

明明是北方的物产，却成为大南方的广东人的习惯性食物。这是饮食地理中的一个复杂现象。当然，这个现象不难理解，必定是社会商业系统帮助广东人克服了地理空间上的障碍。那些年，有很多商人从事发菜生意，即使在计划经济时期，也有广东的"采购员"，带着大米、煤油炉（他吃不惯北方的面食、粗粮），远涉阴山以北，一个旗一个旗地购买发菜。

看来，人文方面的强烈追求，也可以创造出一种地理格局。广东人吃发菜，或者说发菜作为饮食的地理特点，就是因为广东人的强烈爱好而形成，并且是由那些辛辛苦苦的采购员所维持着的。

（必须指出的是，前些年，由于发菜的过度采集，破坏了北方的环境。国务院已于2000年下达文件，禁止过度采集发菜。）

另一个例子是蒙古族人的砖茶。

我们都知道，草原上的牧民离不开砖茶，这是一个历史悠久的传统。在《明史·食货志四》上就说："番人嗜乳酪，不得茶，则困以病。故唐、宋以来，行以茶易马法。"

我国北部、西北部的一些民族，特别是从事游牧生产活动的人们，其食物结构以牛、羊肉和奶酪为主，而缺少蔬菜和水果。在饮食中，他们逐渐体会到茶可以解油腻，助消化，所以形成了饮茶的习惯，甚至出现了"宁

砖茶

奶茶煮制

图6.5

可三日无食,不可一日无茶"的依赖性。

　　他们饮用的茶主要是砖茶。方法是,先将砖茶切碎,在开水中煮一会儿,然后滤去茶渣,再加入牛奶,继续煮沸,最后再加少量食盐,就成为可口的奶茶。有时,在奶茶中放一些炒米(一般是用糜米炒制的)。据说蒙古族牧民每天要喝三次茶。(图6.5)

　　砖茶主要是用黑茶作原料经过高温高压蒸压而成的,生产于南方的湖北、云南等地。是古代的茶商们发明了这种加工方法,并承担着源源不断地向北方输送砖茶的职能。数百年来,砖茶以其独特的、不可替代的作用和功效,与奶、肉并列,成为游牧民族的生活必需品。

六　千里不同俗

在内蒙古草原上，到处都有奶茶的醇香，而砖茶却是生产于千里之外的南方。这又是一个由于人文的特殊构建而形成的饮食地理现象。如果画出砖茶这一特殊饮品的地理图，会出现一幅翻山越岭的画面。

必须说明的是，砖茶是游牧人的生活必需品，不是奢侈品。而作为奢侈品的食品，更会在高额利润的引诱下，跨越千万里。但他们不是生活必需品，不属于我们这里讨论的饮食地理。

关于吃，有一些文化问题可以进一步讨论。

吃东西本来是为了解饿，维持生命。但是人类对于吃，已经不同于动物了。人的特点是不渴我也要喝，不饿我也要吃。吃喝，不是为了解渴，不是为了解饿，而是为了愉悦、享受、解馋，这其实正是人类的饮食文化的精神基础。如果饿了才吃，就不算是饮食文化。饮食的"文化"部分，不是解决饥饿的问题。饿了吃什么都可以，为什么非得用这些独特的方法去吃？我们说，饮食文化是源于充饥，却又高于充饥的。

现在的人类，想做一件纯粹自然的、没有一点儿文化的事情，很难。吃，是最基本的事情，比如吃小麦，最"自然"的吃法是直接嚼麦粒，但现在没有人这样"自然"地吃，而都是要先把它磨成面粉。这一磨，文化就来了。磨成面以后，做什么？文化就更来了。中国人做烙饼，做馒头，做面条，做包子，做饺子。西方人没有那么多花样，他们没有蒸的馒头，都是烤的面包。西方人看到中国的馒头，一问做法，是蒸的，于是叫

steamed bread（直译为蒸汽面包）。

人就是这样，在进行满足最基本的、最自然的需求的活动时，总要伴有文化风俗的形式，文化似影随形跟着你。人不可能脱下衣服，扑灭火种，再爬到树上去生活。文化方式已经全方位地渗透在人类的各种行为中。我们过去说经济活动、政治活动、文化活动、军事活动等等，分得很清楚。其实，哪有纯粹的经济、纯粹的政治、纯粹的军事？现在的人，都是文化人，人一露面，文化就来了。

有的人吃狗肉，吃着香，可一旦被告知是狗肉，反倒吐出来。他吐出来的是风俗、文化。这是另一种情况。

有一个酒的广告，说什么年代喝的是什么，从喝味道，到喝品质，到喝品牌，到喝氛围。喝来喝去，越喝越虚，最后喝的已经不再是酒本身。不是酒是什么？是价值。这个广告叙述的核心线索是价值转换，不同的时代，喝的都是酒，但不同时代注重的价值不同了。在这条广告词里，酒成为实现价值的媒介物。

现在吃饭，也已经不光是吃饭，还要吃氛围。的确，饭馆做菜的时候，也要给你做氛围，加上氛围，是更讲究的饮食文化。饮食文化，不光是菜，还包括精神的东西。

有的饮食文化里还出现仪式，就更不得了了。喝茶最典型，你渴得要命，等着广东人给你做工夫茶，急死了。折腾半天，端上一小盅。这种喝茶的仪式，在你真正口渴的时候，享受不到它的文化。

南腔北调

戏曲在我国有悠久的历史，汉代已有"百戏"，在张衡作的《西京赋》里，说到一个有故事情节的表演，主角是"东海黄公"。故事是讲东海那个地方有一个姓黄的老头，年轻时本领高强，能制伏毒蛇猛兽，身上常常挂着一把赤金刀。但老了以后，体力衰减。一日，遇见一只白虎，老头依然上去舞起赤金刀与虎搏斗，但终不敌老虎。表演的看点是人与虎（人扮）的搏斗。

千里不同俗，而不到千里，戏曲就已经不一样了。中国的地方戏很多，地方戏与方言的关系又很密切，许多省区都有自己的地方戏，是典型的有地域分布特征的文化。据估计，中国的地方戏有300多种，演出的剧目可达一万。如此丰富的戏曲文化是在漫长的历史时期逐渐发展起来的。

很多地方戏的形成，植根于本地文化，特别是方言特征明显的地方戏。但也有些地方戏不一定是本乡本土的产物，而可能经历一番文化传播的过程。比如梆子戏主要是在西部、北部，但又有各地的特点。它最初是在山陕交界的地带形成，后来传入关中，形成秦腔，吼腔最厉害。然后到河东，就是过了黄河，到了山西南部，

图6.6 汉代画像砖上的娱乐图

形成蒲州梆子。蒲州是今天山西运城一带的古称。接着又传到山西北部，形成了北路梆子。再由山西北部到河北，变成了河北梆子。由河北再往山东传播，形成了山东梆子。再向西转，与河南的地方戏结合，生成河南梆子。这一串梆子的出现，构成了一道文化历史传播带。

戏曲专家们总结传统地方戏曲的分布是："南昆北弋，东柳西梆"，即南方有昆曲，北方有弋腔（源于江西，后传入北方），东部有柳子腔（山东地区戏剧的原调），西部有梆子。这是戏曲地理的大致形势。

经过一代代戏曲家们的努力，戏曲的水平不断提高。值得注意的是，提高常常是地区交流的结果，历史上戏曲文化的交流与传播是十分活跃的，几乎没有哪一种地

六 千里不同俗

方戏是自拉自唱孤立发展的。有些所谓"地方戏",其实流行的范围很大,可以说是连州跨省。这种情形正反映了移民或者文化交流的历史。比如在内蒙古的南部,即大青山山前地区,流行山西晋剧,这正反映了历史时期山西移民进入这个地区的情况。

在各地戏曲的发展中,京师,这个首善的地方,由于四方人文荟萃,它为戏曲走向高峰提供了独特的条件。京剧的诞生,就是其代表性的成就。

我们知道,京剧并不是纯粹北京的产物,徽剧以及其他一些地方曲调曾是京剧形成的重要元素。清代乾隆五十五年(1790年),原来在南方演出的徽班进京,京师舞台呈现三庆、四喜、春台、和春四大徽班竞技的场面,获得好评。后来道光年间又有湖北汉调演员进京,

图6.7 同光十三绝（清代光绪年间，画师绘制同治、光绪时期的十三名昆曲、京剧名角的剧装像，称为"同光十三绝"）

与徽班同台演出。最终，又在与昆曲等其他曲调的结合中，逐渐形成了京剧。

京剧的例子说明，文化在传播中，有机会融合不同文化的元素而形成新的品种。地理传播，为文化创新提供机会。甚至可以说，文化要创新，必须依赖交流。而考察文化的发展，必须要考察它的地理过程。

清代北京城里有许多各地人士修建的会馆，大的会馆里面有舞台，可以唱戏，成为文化会馆。（图6.8）例如湖南、湖北人联合起来修了一个会馆，叫湖广会馆，里面有非常讲究的戏台。看戏的时候，人们坐在八仙桌周围，一边吃点心、喝茶，一边听戏。唱戏的在上面唱，下面的人随着喝彩，唱腔与喝彩声相互交融。这是中国旧式的戏曲文化。

戏剧评论家说，与西方戏剧舞台不同，中国的舞台与观众之间，没有"第四面墙"，（舞台自有三面墙，与观众之间另有看不见的第四面墙）意思是，演员与观众并非隔为两个世界，而有充分的交流互动。演员演唱之间，会夹杂观众的叫好，没有叫好不够劲儿，叫好还要叫在点上，不是乱叫。

中国这个戏曲文化很特别，这可能是初期城市戏苑的狭小空间造成的。中国没有希腊、罗马那样古典的宽大剧场，许多戏苑是由茶楼发展起来的。因为是茶楼，人们进去就可能不是专门为了看戏，还有别的享受，安排别的事情。有些商务谈判可以在这里进行，这里也是一个社交场所，甚至办成大事。

中国的传统戏曲舞台，不光是设立在城市里，在全国各地的县里、乡间，也有各色各样的舞台（图 6.9），相当普及，地理覆盖面很广。许多农村里的人，没有文化，完全不识字，但他们都知道刘备、诸葛亮、包拯、杨贵妃，也都通晓奸臣可恶、冤情必申的道理。戏剧是向社会基层传播文化知识的有效形式。有人说中国的戏曲锣鼓声音太大，这在乡间舞台是需要的。"中国的戏是大敲、大叫、大跳，……但若在野外散漫的所在，远远的看起来，也自有他的风致。"（鲁迅，《社戏》）在乡间看戏，别有氛围。鲁迅小时赶去看社戏，远远便听到吹唱的声音，"那声音大概是横笛，宛转，悠扬，使我的心也沉静，……觉得要和他弥散在含着豆麦蕴藻之香的夜气里。"（《社戏》）

图6.8 会馆舞台

图6.9 传统乡村舞台

图6.10 粤剧《搜书院》剧照

中国传统戏,观众范围广泛,是各阶层的人们都喜闻乐见的艺术形式。20世纪50、60年代,为了保存好优秀的地方剧目,国家投资,把一些重要地方戏的代表性剧目都拍成了电影,例如:广东粤剧《搜书院》、河南豫剧《花木兰》、晋剧(山西梆子)《打金枝》、山东吕剧《姐妹易嫁》、安徽黄梅戏《天仙配》、江浙越剧《红楼梦》、川剧《杜十娘》、滇剧《借亲配》,等等,可谓盛况空前。

七　王朝都市

在人类早期历史中，本没有城市，城市是在历史发展到某个阶段才出现的。这个"某个阶段"到底是什么时候，在哪个年头？这是历史学家讨论不休的重大问题。关于城市的定义，有许多种，现在还找不出一个定义能把城市的内涵一网打尽，这不怪学者们无能，而是因为城市的问题实在太复杂。

城市可以从地理学的角度来观察，这种观察研究就叫城市地理学。而要观察城市发展的全过程，那就需要城市历史地理学了。

城市绝不是天然的，它是人造的。在人造的东西里面，城市是个头最大的。(最小的是什么？就算耳环、耳钉吧。仔细挑，肯定还有比它们更小的东西)。城市是人类的作品，也是人类生活、生产的场所。从地理学的角度说，城市的外部环境、城市群的分布形势，还有更有意思的城市内部的空间结构等，都具有特殊性，都是值得关注的地理问题。

古代的都城，是历史城市的辉煌代表。帝王们习惯于把京城看作自己（寡人）的身份的放大，或者看作自己（朕）所统治的世界的缩影。京城的城市空间、城市景观是一种特别的王朝语言，历史地理学者研究古代城市，其实就是在阅读这些特殊的地理文本。

城市与文化

城市是长期形成的东西，有很深的历史渊源。中国的很多城市都有着漫长的历史发展过程。据说二十多年前一位美国总统到北京访问，感慨道：中国可以在几年内建造一座美国城市，但美国几百年也造不出北京。（现在，有些地方的中国人正在拆掉自己的古老城市，飞快地建造美式城市。我们应该做好历史文化名城的保护工作。）

在地理景观上，城市是由形形色色的建筑物组成的。而建筑正是人类创造的一种文化，它们规模大，内涵丰富。过去识别城市，就看有没有楼房，一堆楼房，就是一个城市，今天不一定了。城市环境不断在变，建筑物的样子也不断在变。

建筑物的样子和材料有关系，和技术条件也有关系。早期建筑物的材料是土、木、石、砖，这些都反映地理环境的特点。但后来变成水泥，现在是钢铁、玻璃、塑料等等。建筑物的骨架是土木钢筋水泥，房子要靠它们支撑，它们是"硬道理"。

大厦被"硬道理"支撑起来之后，我们关注的不再是它的材料，不再是它的力学原理，而是它的文化表达了。

本来，建筑物最基本的属性是它的功能，是个房子，就要能遮风避雨，人在房子里可以安全舒适地活动、生活。这些基本功能是不能动摇的。但在功能之外，还有很多非功能性的东西，也不可缺少。这些所谓非功能性的东西，就是文化特色。在对建筑进行文化加工上，也就是在建筑艺术上，有着无限的创造空间。建筑学家讲：建筑艺术仍然有很大的独立活动的余地，建筑艺术的发展，远远比功能、技术的发展变化丰富得多。

一个建筑师，不能仅仅有设计功能，只砌个墙，盖个房顶就完了。他在设计房子的时候，实际上，用力最大的地方是艺术表现、文化内涵。功能是个相对简单的东西，文化表现却丰富多彩，与时俱进。关于建筑，人们议论最多的还是它的艺术性。"优秀的建筑物犹如凝固的音乐"，这是一句常说的话。其实，建筑不仅是凝固的音乐，也是凝固的信仰，凝固的价值观，凝固的权力。（比如皇帝时代的宫殿）我们面对建筑物，无不感受它的精神气质。所以建筑是一类非常重要的物质文化景观。研究文化地理，建筑景观是当之无愧的对象。

北京天安门广场一带，犹如建筑文化博物馆，这里有天安门、纪念碑、人民大会堂、国家博物馆、毛主席纪念堂、国家大剧院，此外还有几座近代西式建筑，时代各不相同。每次在这里增添新建筑，建筑师们都有文化考虑。最晚落成的国家大剧院的设计者是位法国建筑师，他说要告别传统，令天安门与大剧院之间，有时代穿梭的感觉，让两座时隔遥远的建筑在景观空间中争辉。人们到一个地方旅游，的确喜欢欣赏新奇建筑形态所带来的快感。

　　普通人在装修自己住房的时候，也都要在文化上费一番心思，会拿出一套很富于个性的设计。从铺地砖的颜色，到柜子的把手，各家有各家的高招。有的人喜欢洋式，有的人喜欢古香古色。谈论房子，光谈房子有多少多少平方米，是没有什么文化的表现。去看邻居的新居，要去欣赏文化的格调。

中西建筑，两样手法

以下让我们用文化的眼光观察一下中西历史城市建筑的实例，看看它们在文化景观上各有什么特点。

去希腊雅典，我们一眼就会看到卫城遗址。（图 7.1）卫城是古希腊城市的核心，古希腊的卫城总是在高岗上，高岗上有神殿建筑。这样的城市核心在中国古代城市里是看不到的。

在中国，古代城市的核心，都是现实主义的东西，不会摆上神的东西。京师的核心，是皇帝的宫殿；县城的核心，是县太爷的衙门。

图7.1 雅典

图7.2 西方城市雕像

　　古希腊城市的核心是留给神的。卫城下面是凌乱的人间街巷。当时的希腊人说，你在雅典的狭窄街巷里面转悠，如果不抬头看到卫城，你不知道自己是在城里，那些狭窄凌乱的街巷与农村没有多大区别，只有抬头看到神殿，才会意识到自己在城市中。但是在传统北京城，你站在大街上，一般看不到皇帝的金銮宝殿。中国古代城市用的遮隐手法与古希腊用的显示手法是不一样的。

　　中国文化在表现威严的时候，手法是让人"看不见"。看不见，神秘，才不得了。神秘，是中国的价值观。神秘的东西，可以感觉，但不能目视，更不能触摸。俗

图7.3 紫禁城中的祥禽瑞兽：鹿、鹤、赑屃（bixi）

话说，能人背后有能人，真人不露相，露相不真人。在西方城市广场上，常常看到君王或英雄的雕像（图7.2），但在中国古代城市中，帝王将相都不"露相"。在皇宫周围，看到的只是些瑞兽。（图7.3）

在建筑院落上，中国人在大门上做了不少文章（图7.4），这是中国文化的一个特点。中国的聚落都有墙，墙是单调的，于是上流人物就在宅院的大门上下了很多工夫，用门来展示他们非比寻常的社会地位。这样的结果是，又看得见，又看不见。院里边是看不见的，看见的只有威武的大门。看得见、看不见，二者都显示出居高临下

七 王朝都市

图7.4 不同的宅院大门

的威严。

北京的紫禁城无疑是最崇高的，但北京城的老百姓有几个看得见皇宫？看不见。看不见，更觉得它高不可攀。不让看，是中国的一种文化手法，用来体现和塑造一种价值。深山密林，对于中国人来说，不是荒野，它的深不可测正是大道的天性。以看不见的方式存在，更具有永恒性。无法找到，无法看见，但可以沟通，沟通的方法也是神秘的。可以意会，不能言传，意会是最深刻的交流。在高大的院门前面，一切都留给想象，大门背后，是一种想象的存在。中国人善于制造想象空间，在现实当中，在山水艺术当中，都是这样。

举一个中国民间建筑文化的例子。图中是山西富豪常家大院的新院门，是中国传统门文化的表现。官僚文化在传统中国社会中居于核心地位，影响最大。人们有

图7.5 山西常家大院的院门、庭院

图7.6 常家大院猴雕

了钱，在追求更高价值的时候，多半会参照官僚文化。常家大院里面的房舍也完全是仿照王府官家。（图7.5）

"门面"构成了一个符号体系，在这个体系中，有高低贵贱的不同表述。北京城里四合院的院门有许多讲究、许多等级。人们习惯于运用这个流行的符号体系为自己增值，在既定的文化样式中进行选择，符号体系控制着他们的想象力。常家大院的门楼样式，不像家院而像城楼，这是他们所能想象到的最高等级的样式，于是照样修了一座。

再看建筑装饰。（图7.6）不是皇家不能用龙，所以

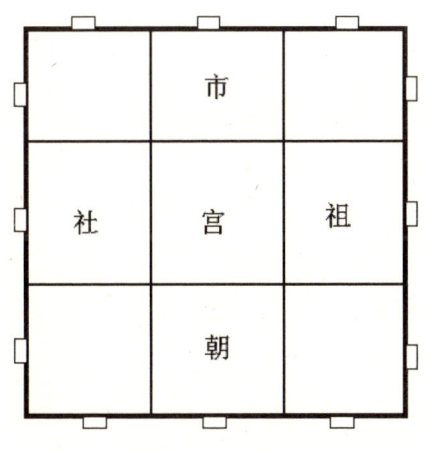

图7.7 《考工记》国都平面示意图

图7.8 古罗马城平面示意图

猴居然成为地方有势力的人物在自己庭院中用作装饰的符号。猴，象征封侯，取谐音。类似的还有蝙蝠、梅花鹿，取福、禄的谐音。中国古代建筑文化中有很多这样的符号。运用文化符号，可以给自己提高价值，增加荣耀，增添福气。认同什么价值，就认同什么符号。

在历史上，中国与西方都出现过修建理想城的想法，都提出过理想城的模式。中国人的城市（都城）理想模式被写在《考工记》这部书里：

> 匠人营国，方九里，旁三门。国中九经九纬，经涂九轨。左祖右社，面朝后市，市朝一夫。

（匠人，古代建筑师。国，国都。经，南北向道路；纬，东西向道路。涂，道路。轨，车的宽度。祖，宗庙。社，社稷坛。夫，古代面积单位，方百步。）（图 7.7）

中国城市的理想形状为正方形，而西方理想城的形状是圆形、六角形或八角形的。中国的方形是人文世界观的表现——端正。西方的圆形、六角形也另有含义，他们要把方向做细致分割，不满足于只有四个方向，而要尽可能从多的方向来瞻仰城内的特殊建筑物。另外，中国城市内部，追求全城整齐布局，有整体规划，例如隋唐长安城、元大都城、明清北京城等，都是这样。而雅典、罗马则没有全城整体规划，只是每个建筑单元有规划，建筑单元自身整齐，但建筑单元之间的关系紊乱，角度随意。（图 7.8）

秦始皇的咸阳

我们从城市文化上可以领略一下中国历史上第一个皇帝——秦始皇的博大心胸。

图 7.9 显示的是秦始皇活着的时候京师咸阳的范围,包括城市宫殿的分布。我们看看这位集权的皇帝的京师咸阳是个什么样的城市,看看这个帝王文化的庞大的物质形态。

先秦时代的城市一般都是有城墙的,大体呈封闭的方形。但这位统一天下的皇帝的京城却没有城墙轮廓,画不出一个方块,看不出一个边界,我们看到的只是向四面不断扩展的宫殿地带,据说方圆 200 里。

渭河两岸的平原地区都是秦始皇的宫殿区。原来,在统一天下之前,秦国的首都主要在渭河北面,而随着秦国的不断壮大,开始把宫殿区向渭河南岸扩展,到了秦始皇的时候,渭河南北已经到处都是宫殿了。

秦始皇的都城范围是任意扩展,无拘无束,没有边界的限定。在他的眼里,关中平原仿佛就是他的京师,东方门户是崤山、函谷关,南边的屏障是终南山,号称"表南山之巅以为阙"。(终南山的山谷入口处,有耸立的双峰,犹如门阙)汉朝人贾谊描述秦始皇是"怀贪鄙

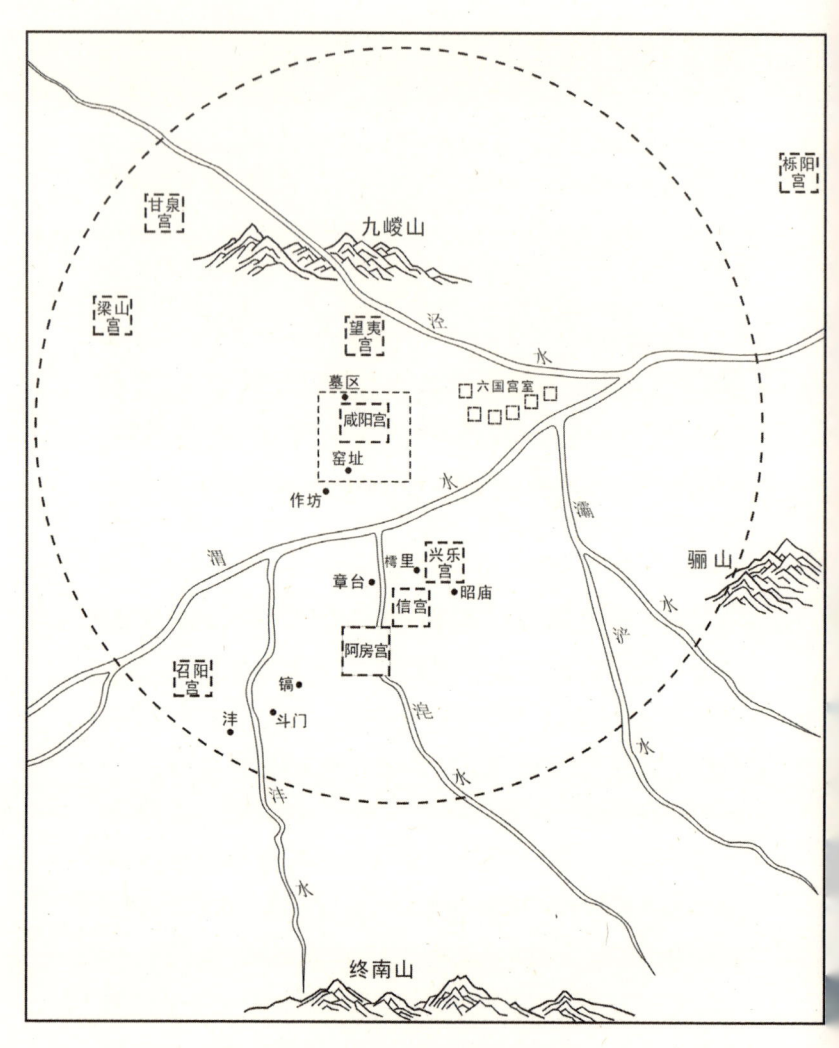

图 7.9 秦咸阳城宫殿分布示意图

图7.10 秦兵马俑

之心,行自奋之志","以六合为家,崤函为宫"。(《过秦论》)(六合,四方加上下,比喻全天下。)

秦始皇高傲的内心,从京师咸阳庞大的宫殿地域上,可以反照出来。这样的京师地理空间,在中国历史上是空前绝后的。它显示了在中国历史上巨大转折期的时代精神。看到地上,再想地下,秦始皇将千军万马(兵马俑)埋伏在地下,就不足为奇了。(图7.10)

有人认为,在看似混乱的咸阳宫殿群中,也存在一条核心轴线,它在偏西的位置,跨过咸阳桥,穿过阿房宫。另外,在咸阳东北部泾、渭两条河流交汇的三角地带,修建有六国宫殿,仿效东方建筑式样。这是建筑审美发展的反映。

七 王朝都市

两个长安城

中国历史上有两个长安城,一个是西汉时代的,另一个是唐代的。两个长安城都是大王朝的都城,都很壮观。

长安,这个名字又大气又吉祥,那它是不是专为京师起的名字?不是,原来在那个地方有一个小聚落,名字就叫长安。后来在这里修建大都城,就沿用了这个名字。当然,如果原来的名字不好听,也不会接着用。

两个长安城,因为时代不同,很不一样。这里提出三点不同。

第一个不同:建设过程不一样。

西汉的长安城是刘邦的时候开始建设的,当时这里并不是空地,还残留着几座秦朝的旧宫殿,刘邦是草根出身,还没有养成奢华的习惯,只是命人把秦朝旧宫殿装修一下,当作自己的宫殿,就在里面做起了皇上,而长安城的历史也由此掀开。

刘邦修缮的第一座宫殿叫长乐宫,不久又在它的附近修建了全新的未央宫、北宫,这位汉高祖见过的长安城,主要就是这几座宫殿。

到了刘邦的儿子惠帝的时候,因为北方匈奴的威胁日益严重,为了加强防卫,在长安修起一圈城墙,把

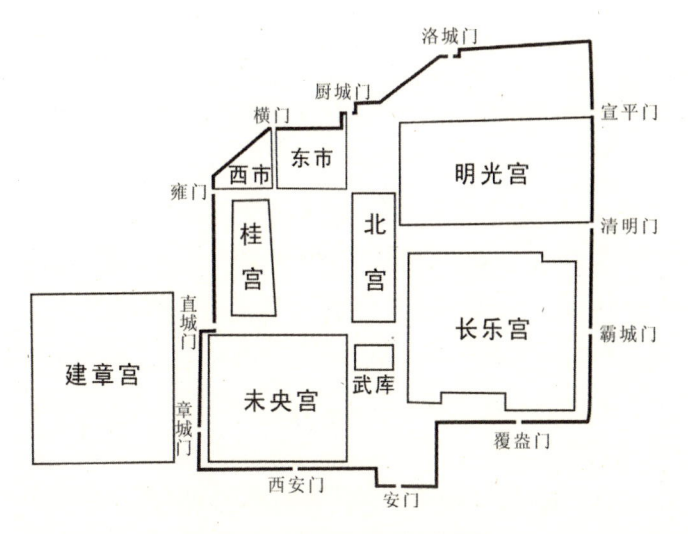

图7.11 汉武帝长安城平面示意图

已有的城区都保护起来。这样长安城便有了城墙，而这道可见的城围又成为长安城的轮廓形状。后世人们讨论汉长安的样子，都是就着这个形状而大发议论的。他们所议论的长安城形状的"深意"，是否和惠帝想的一样，却很难说了。

汉武帝雄才大略，朝廷也积攒了财力，于是进一步大建宫殿，先后修了桂宫、明光宫等，几乎把城墙里面的地面都占满了。但还不够，汉武帝又下令在西墙外面修建了巨大的建章宫。长安城的大建设到此算是基本结束了。今天我们在许多书上看见的汉长安城平面图，画的就是汉武帝时的样子。（图7.11）这幅图画的长安城，

七 王朝都市 237

不但刘邦、吕后没见过，文帝、景帝也都没见过。从刘邦的时候算起，它的建设，由几个皇帝接力，断断续续90来年。

唐长安的情况就不一样了。唐长安城是隋朝建设起来的，当时叫大兴城。那是隋文帝的时候，由将作大匠（相当于建设部总工程师）宇文恺主持规划建设而成的。一次规划，一次建设，一次成形，是这座城市的特点。唐朝取代隋朝，现成的大兴城接着用，但把名字改为长安。唐太宗、武则天、唐玄宗在这里坐天下，开出长治久安的唐朝盛世。（图7.12）

汉代的长安城，因为最开始没有长远规划，后来的建设也都是因时制宜，所以最后形成的样子缺乏整齐端正的景观。而隋唐长安城的建设，虽说从头到尾也用了一些年，但它是一次性全面规划，并按图实施而建成的，所以有整齐划一的城市景观。把两幅平面图对比起来看，这个差别很明显。这就是要说的第二个不同。

城市是方形或者不是方形，有什么关系吗？或者说，把城市修建得方方正正有什么用处呢？首先，方形带来清楚的空间秩序，容易利用城市整体格局设置礼仪方位，比如太庙要在东边，社稷坛要在西边等等。而在所有礼仪方位中，最重要的是城市中轴线。中轴线要达到左右对称的效果，就必须要方形城市。中国古代不但要择中立国，还讲究择中立宫。皇帝的朝宫正殿面南背北，坐落在全城的中心线上，正体现了皇帝的唯我独尊。隋唐（大兴）长安是第一个具有中轴线的统一王朝的大都城。后来的宋开

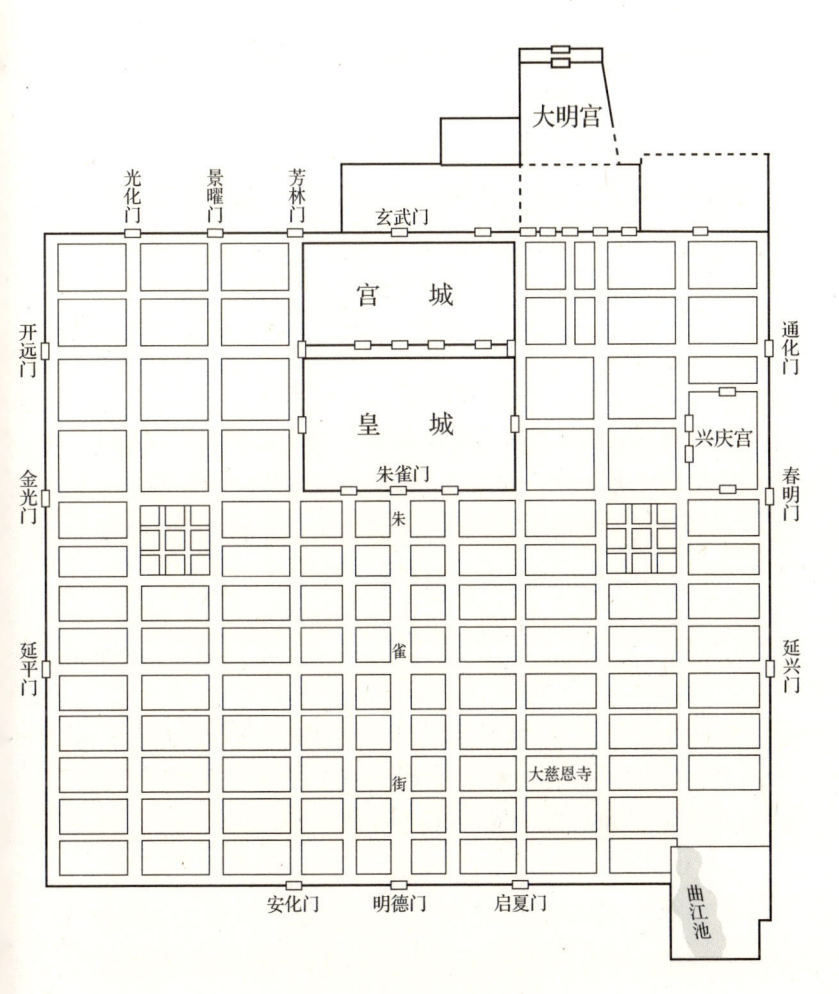

图 7.12 唐长安城平面示意图

封、元大都、明清北京城,都有中轴线,不用说,它们的城市轮廓都是方形的。当然,横平竖直的街道格局对于城市百姓的活动也很方便,比如找路,就一点也不麻烦。

第三个不同处是关于居民区的。

汉长安城里当然有许多百姓,但他们的房屋院落在哪里,没有古书文字说得清楚。从地图上看,长安城里绝大部分地面都被宫殿占了,留下的空地真是不多了。所以学者们推断,一定有许多百姓的居住院落在城墙的外面。在城墙外面没有关系,只要不是离得太远,都算是长安城的人。

汉代的长安居民过了很长的太平盛世的日子,人们的道德也都培养得不错。《汉书》里面记载了一件事。

昌邑王刘贺(就是那个在墓中陪葬了很多财宝的海昏侯)手下有一位中尉叫王吉,"始吉少时学问,居长安。东家有大枣树垂吉庭中,吉妇取枣以啖吉。吉后知之,乃去妇。东家闻而欲伐其树,邻里共止之,因固请吉令还妇。里中为之语曰:'东家有树,王阳妇去;东家枣完,去妇复还。'其励志如此"。(《汉书》卷七十二)(学问,读书。啖,dàn,给人吃。)

读了这个故事,我们感到,王吉与东家共享的其实不是枣树,而是道德。这个励志故事影响还不小,后来宋朝著名诗人辛弃疾有一首七绝《和郭逢道韵》,就是借用了王吉(字子阳)啖枣的典故:"枣树平生叹子阳,里歌虽短意偏长。东家昨夜梅花发,愧我分他一半香。"辛弃疾诗中的东家邻居种的不是枣树,是梅花,所以与东家共享梅香。

这段故事是很难得的一条关于汉长安城市生活的记录，毕竟时间太久，所以没有多少汉长安的民间故事流传下来，但是关于唐朝长安城的生活情景的记载就有很多了。

先了解一下唐代长安城居民区的样子。在唐长安城的平面图上可以看到，城市的街道是十分整齐的，而由整齐的街道又分割出很多整齐的街区。这里不像汉长安那样把绝大部分城市空间给宫殿，皇帝活动的地方只在城市的北半部，城市南面的广阔空间都给了百姓做居民区。这些居民区称为"坊"。好几十座坊都是整整齐齐排列着，想必在规划图纸上是拿着尺子画出来的，而工匠们在施工的时候也一定是相当认真，所以才有这样的景观。

这些整齐的方格网状的街区结构，引起唐朝诗人的注意，比如白居易在《登观音台望城》中就写道："百千家似围棋局，十二街如种菜畦。"

坊区表面的样子虽然很类似，但里面的活动内容却是多种多样。多数坊是一般百姓生活居住的，但有的坊被修建成大寺院，还有的坊被当作演兵场。坊里面还有开旅店的，一些进京赶考的士子们常常到这里租住。有一个考生，年年来考，屡败屡战，都住在同一个主人那里。他有两句诗留下来："年年下第东归去，羞见长安旧主人。"（豆卢复：《落第归乡留别长安主人》）

考中的士子当然很是得意了，得意的人更要作诗。看看孟郊的《登科后》是怎么写的："昔日龌龊不足夸，今朝放荡思无涯。春风得意马蹄疾，一日看尽长安花。"

七　王朝都市

放马在长安大街上疾驰是可以的,但必须是在白天,到了晚上,却都要缩回家去。唐长安城的管理是很严的。这里再引几句唐诗(唐朝诗人真好,他们对什么都作诗,给我们留下很多美妙的记录)。李贺在《官街鼓》中写道:"晓声隆隆催转日,暮声隆隆呼月出。"另有人在诗中称:"六街鼓绝行人歇,九衢茫茫空有月。"诗句里面讲的是什么事呢?原来,唐长安城图上画的那些方块的坊,都是有围墙的。大的坊四面开门,小的坊只有两面开门,门口都有门吏把守,负责启闭。早上要敲响城鼓,坊门开启,居民才能出来,傍晚城鼓又敲起,却要关闭坊门了,居民们都要回到坊里歇下。所以晚上的长安大街上,空空荡荡,而月色则显得更加清净了。

除了月色,长安的夕阳也很美。有一位长安居民,叫李商隐,一天的傍晚,心情烦闷,于是乘车到城内东南部的一块高地上去眺望夕阳。为此他也作了诗:"向晚意不适,驱车登古原。夕阳无限好,只是近黄昏。"这首诗写了心情,写了美景,成为佳句,流传至今。

今天,你也可以仿照李商隐到西安市的东南部去眺望夕阳。你会发现,在西安看夕阳,落日不在山头,而是在平原之上,所以显得又大又圆。

汉长安城在今天西安市的西北部,遗址范围内没有进行大规模建设,许多地点都可以辨认。唐长安城却正好在西安市中心区的下面,遗址范围内现代高楼林立,除了几座古建筑,如大明宫遗址、兴庆宫遗址、大雁塔、小雁塔等,大部分地点已经很难辨认了。

生活大变的宋代城市

到了宋代，社会经济文化大发展，引发了城市的大变化。

原来那种封闭的居民区，也就是里坊制度，解体了。居民们上大街不必受到时间的限制，想什么时候出门就什么时候出门，想哪个时辰回家就哪个时辰回家。另外，大街上也热闹起来，商人们开店铺，做买卖，不必都集中在封闭的"市"里面，他们可以沿街开店了。所以，逛街真正成了有乐趣的活动。还有，过去逛"市"，到了傍晚，就结束了，商家收摊，顾客赶着回家，因为全城都要宵禁了。而现在，官家不再有时间限令，"夜市直至三更尽，才五更，又复开张。如要闹去处，通晓不绝。……冬月虽大风雪阴雨，亦有夜市"。(《东京梦华录》)像《清明上河图》所画的那种沿街的繁华景象，在以前是不可能出现的。(图7.13)

宋朝的首都，不再设在西部的关中盆地里面，而是东移到大平原之上。这个时候，国家东部、东南部的经济已经高度繁荣，王朝的经济重心已经转到东南部了。都城东移，符合历史地理趋势。

因为是在大平原上建立都城，都城的防卫形式就

图7.13 (宋)张择端《清明上河图》(局部)

要重新考虑一番了。平原地区,无险可依,四面八方都可能有敌人杀过来,古人称这样的地方是"四战之地"。因为是在四战之地,皇帝的宫殿就要摆在都城的中央,形成四面守卫的格局。于是,从开封城开始,王朝的都城出现了圈层结构。以后的元朝、明朝、清朝,都城都是圈层结构,皇帝的宫殿在中央,几道城墙,宫城、皇城、大城,把皇宫护卫得严严实实。(图7.14)

皇宫在三个圈层的里面,这是一种既实用,又有寓意的结构。实用性,是指防卫的严谨。寓意性,是指皇帝在都城中心,就好像是居于天下之中,显示了唯我独尊的天子地位。

作为宋朝首都,开封繁荣了160来年。这种盛况被画家张择端表现在著名的《清明上河图》中。此外,不少历史文献也记载过宋朝城市繁荣的细节。

读一下这篇关于"瓦子",也就是娱乐场所的短文。

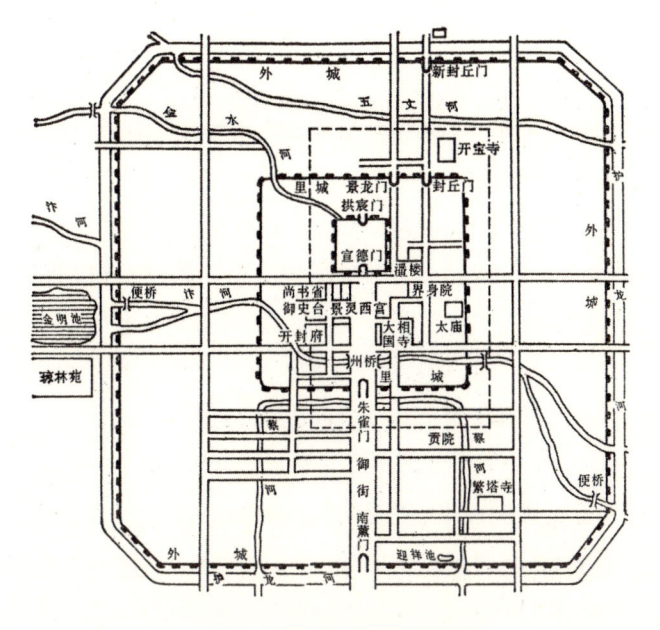

图7.14 宋开封城平面示意图

阅读窗

城市"瓦子"

曾几何时,城里是一个极为严肃的地方,君王在那儿"南面"端坐,周围的宗庙威严、祭师冷酷、杀殉无情、钟磬震撼,足令人战栗匍匐。后来,社会开放,商人得了自由,游手好玩的人也得了自由,彼此相聚城郭,致使城市买卖玩闹气氛大增。住在其中的君王,也有禁不住诱惑,"微服"出来玩耍的。放眼看一看中国城市发展史,至少有三次从肃清到繁华的变革高潮，一次在春秋战国，一次在北宋，还有一次可算是眼下。当然，三者的性质迥异，从怎样的肃清变到怎样的繁华，各不相同，而且"变"出来的东西的名称也不一样。

现在城里花样越来越多的昼夜玩闹场所，如"俱乐部""夜总会""KTV"等，用一句千年老话说，都叫"瓦子"。不用说，今天为了吸引摩登青年，哪位老板也不会用这个土名字，况且我们很多人也从来没有听说过这个难听的古称。

"瓦子"在宋代大兴，它的出现标志着一场城市生活、城市景观变革的完成。在宋代以前，城内街道上一律不准开设店铺，假设我们在唐长安城大街上溜达，看到的只是一道墙又一道墙，索然无味。晚上想看看夜景，也是"九衢（街）茫茫空有月"，人影儿也没有。长安城尽管人口不少，但不准有街头买卖，更不准有夜间消费活动，想挣钱的商人真是气死了。

变化始于唐朝末年，到了北宋，既成事实，皇帝下诏，承认现状。于是，大街上店铺栉比，熙熙攘攘。大小商贩都有了好心情，人人大显身手。在大城市里（比如开封），一类固定的聚会玩闹场所也在热闹地点出现。这种固定的玩闹场所就叫"瓦子"。

为什么叫"瓦子"？是因为当时没有一个现成的名称好用，不像我们今天，可以从已然玩闹起来的洋人那里"引进"一些名字来。古人没有参考名称，只好自己去想。他们发现这类玩闹之徒忽聚忽散，犹如砖瓦之属，便将其聚会玩闹的场所称作"瓦舍""瓦子"。南宋末年吴自牧在《梦粱录》卷十九中写道："瓦舍者，谓其来者瓦合，去时瓦解之义，易聚易散也。"

"瓦子"里玩闹的项目很多，都有杂货零卖及酒食之处，还有相扑、影戏、杂剧、傀儡、唱赚、踢弄、背商谜、学乡谈等表演，人们进去了，会有不少享乐，也要花费不少的钱两。"瓦子"原在北宋盛行，汴京（开封）城内有50多家。到了南宋，临安（今杭州）城内外也有瓦舍24家，名字都叫××瓦，其中以众安桥的北瓦最大。

有一事很有意思，据古人的细心观察，在这些热闹的地方，连蚊子都没有。古人的解释是："蚊蚋恶油，而马行人物嘈杂，灯火照天，每至四更鼓罢，故永绝蚊蚋。"（《铁围山丛谈》卷四）就是说，这些地方满地流油，人马乱叫，灯火晃眼，没有了蚊子喜好的生态环境，于是蚊子只好绝迹。

总的来说，"瓦子"的出现是好事。城市普通娱乐业的兴旺，标志着普通市民阶层的壮大与城市生活、城市经济的活跃。人住在城里不能死死板板的。不过，"瓦子"也有弊端，吴自牧说："瓦子"为"士庶放荡不羁之所，亦为子弟流连破坏之门"。意思是不谙世事的"子弟"们，在"瓦子"里流连忘返，会破坏了自己的前程。

在"瓦子"里毁了自己的岂止是"子弟"们，就连佛门的"师姑"也有逐俗忘本的。宋代开封相国寺，规模宏大，"中庭两庑可容万人"。在经商大潮中，和尚们守不住佛祖，大开庙门，"凡商旅交易，皆萃其中"。原本佛门清静之地，此时可好，"大三门上"皆蹲着"飞禽猫犬之类"，佛殿旁边有孟家道院的"王道人蜜煎"，两廊之下还翩翩立着各寺的"师姑"，前来兜售她们的"绣作"，此外"戏剧女乐"也开了进来。如此热闹还像什么佛界，难怪有人惊呼："东京相国寺，乃瓦市也！"

相国寺的事提醒我们，"瓦市"这类现象，对城市秩序的腐蚀力最大，无论你怎样规划，"瓦市"依旧到处蔓延。稍不留神，你的墙里墙外就成了"瓦市"。如果最终我们的名胜古迹、清静园林也都蜕变为"瓦市"，那可就糟了。

有人认为，宋朝的精神面貌是文盛武弱，所以在军事上不是北方民族政权的对手。终于，在公元1127年，金灭北宋，开封城被金朝占领，成为金朝的南京。

金朝主要的都城是中都，即今天北京城的前身。为了建设中都的宫殿，金朝曾经把开封原来宋朝宫殿的建筑材料拆卸下来，装车北运，去建设中都。

金中都城的建立，在中国城市发展史上有一个重要的意义，那就是，它标志着北京城作为王朝首都的起始点。今天我们讲，北京有3000多年的建城史、800多年的建都史。建城史的起点是西周初年分封的蓟国首都蓟城，建都史的起点，就是金中都。

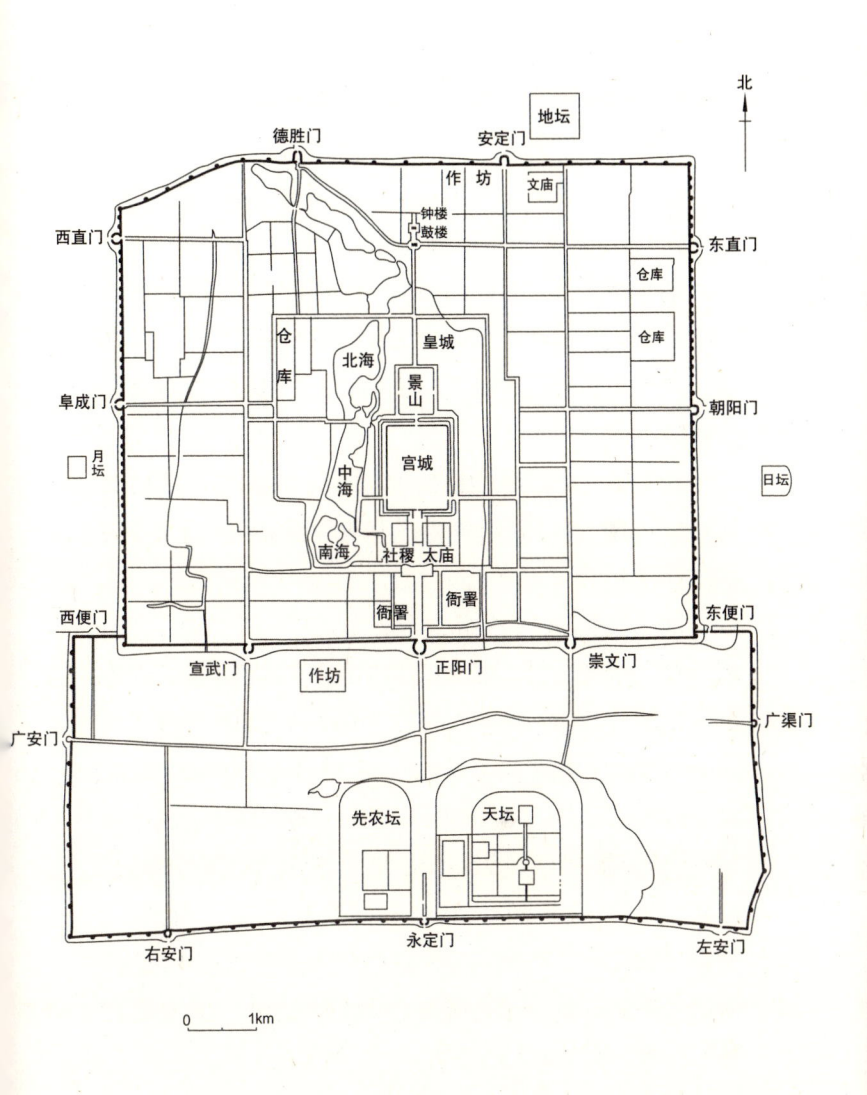

图 7.15 明清北京城平面示意图

北京城的中轴线

北京城是王朝时代的最后一座都城,从金朝开始,历经元朝、明朝、清朝,辛亥革命后也做过十几年的都城,今天仍然是国家首都,总算起来,已经有860多年的建都历史。

北京城的形态在历史上几经变化,明清时代的北京,是它最后的样子。作为帝都,它的地理空间具有十分突出的特色。(图7.15)

地理学家说,像城市这种大型人文空间,会存在结构特点,也就是说,城市空间内部会有区位差异。以北京城为例,这是传统北京城的空间结构。现在年轻人可能不熟悉这个图形,年纪大一些的人都会记得北京城的这个样子。在老一代人的脑子里头,永远会印着这张北京城的地图,甚至在今天的生活中,仍然参照这个框架。说北京的地点,他们总愿意说,"阜成门内"、"德胜门里"、"崇文门外"等等。从这些门的外面到城中心去,他们常常说:"我今天进城去。"年轻人会笑,"城在哪儿啊"?城,就在老人的心中。

在北京城的平面图上,可以看出几个重要特征,它们都具有文化含义。

皇城

紫禁城是核心部分，有一圈城墙围着。它的外面又有一圈城墙，叫皇城。皇城的城墙并不高大，与一般所说的城墙不一样，大家一定见过，但可能没有意识到它是皇城的城墙。天安门两侧的红墙，它就是皇城城墙，在中南海的南侧也可以看到。（图7.16）

皇城城墙也是一圈。在北京，常听说有二环路、三环路、四环路等，那么一环路呢？一环路在哪儿？北京当然有一环路，它大体就是沿着皇城的一圈道路。20世纪50、60年代，北京的4路公共汽车就是沿着这条一环路，转着圈走。后来4路车的路线被调整，只走长安街，与1路车没有多大区别了。现在人们不大说一环路，但事情明摆着，没有一环路，哪来二环路？过去北京有一个很有名的体育活动，叫"春节环城赛跑"，这条环城赛跑的路线，就是一环路。它从天安门广场起始，经过西单、平安里、张自忠路、东单，最后回到天安门广场。（图7.17）

北京二环路的位置上本来有大城的城墙，后来拆掉城墙修建了地铁。这个变化大家都知道。从紫禁城向外，我们看到一组圈层结构，有三圈。明朝中叶，本想在外面再修一圈城墙，因为经费问题，只修建了南面，北京城于是成为凸字形。这个形状在老北京人的心中，不可磨灭。

图7.16 明清北京城皇城城墙遗址

阅读窗

北京饭店贵宾楼

如果在北京王府井，可以注意一下北京饭店贵宾楼。北京饭店是由新旧四个时代的楼房共同组合起来的。最东边的是上世纪70年代建的，那时候外国来宾越来越多，所以扩建了一个米黄色的高楼。中间一部分是最老的楼房，具有近代建筑的风格。西边是北京饭店最新的部分，是"文革"结束以后修建的，称为北京饭店贵宾楼。需要注意的是，贵宾楼前面有一小段红墙，恰好挡在贵宾楼大门的正前方。贵宾楼最初的设计不是这样，原计划是要把这段红墙拆除，使贵宾楼的大门亮在长安街上。这小段红墙是什么呢？它是明清北京皇城的城墙。听说要拆掉皇城城墙，遭到了社会上很多人士的反对。他们呼吁说：这是北京留下的珍贵的皇城遗址，不应把它拆掉。最后，建设方接受了大众的意见，红墙留了下来，但是遮住了贵宾楼的大门，形成今天的样子。

中轴线

再看城市中轴线。在地图上，从钟鼓楼向南，可以看到很清楚的一条由南北大道和一系列宫殿组成的建筑轴线，一直贯通到永定门。原来的永定门被拆除了，现在所见到的是重新修建的。为什么要把它重新修起来

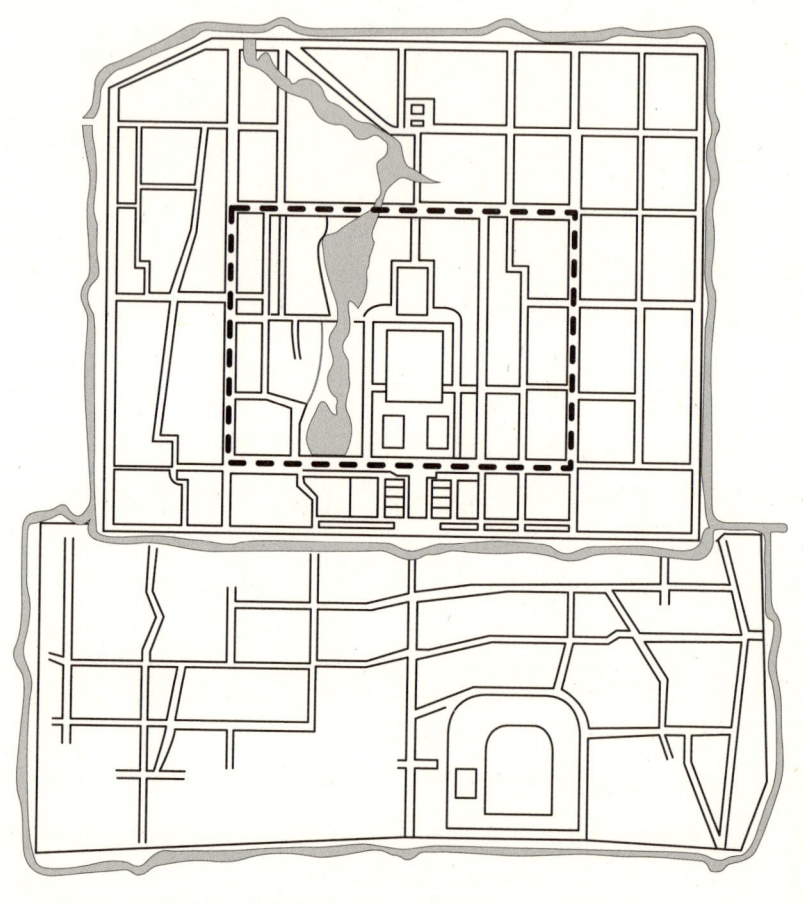

图7.17 20世纪50、60年代北京城的环路示意图,这条环路相当于一环路

呢？它是北京城中轴线南端的标志，很重要。钟楼是北京中轴线的北端终点，永定门是南端终点，现在这两个端点都齐了。

建筑空间结构的中轴线，是中国传统文化中一个非常关键的东西，在许多古代建筑群中，都可以看到中轴线。大家再去看北京城中轴线的时候，可以注意一下地面。地面中央线上铺的石板是与众不同的，比较宽大，和两边不一样。在前门的城门洞里，在天安门广场上，在天安门门洞里，一路进故宫，再到太和殿的前面，你都可以看见中央线上特殊的石板。这是城市中轴线的精确的地面标志，十分清楚。现在，这条中轴线已经向北延伸到奥运赛场的核心地段，它经行鸟巢与水立方之间，在那里的地面上，也可以看到由特殊宽大石板铺出来的中央线。（图7.18）北京城的中轴线象征城市最崇高的轴心，将奥运场馆放在中轴线上，意味着北京对奥运会的敬重。

在中轴线上有什么固定的东西吗？有宫殿建筑，有大门，有通道。有什么人的位置固定在中轴线上吗？有，只有一个，那是皇帝的宝座，皇帝的盘龙宝座就放置在太和殿的中央线上。（图7.19）皇帝上朝，端坐在紫禁城的中轴线上，就是坐在北京城的中轴线上，也就是坐在"天下"之中。这是中轴线的厉害所在。在传统北京城里，中轴线上不允许设立第二个人的位置。

在传统北京城，文武分东西，这也是传统文化区位特点。北京城里最重要的文化机构，如国子监、孔庙、贡

图7.18 鸟巢与水立方之间的城市中轴线延长部分的地面

图7.19 紫禁城太和殿皇帝的宝座就坐落在中轴线上

院、皇史宬等，都坐落在东城。在中国人的传统观念中，东边主文，西边主武。前门两方原来各有一个城门，东边的叫崇文门，西边的叫宣武门。刑部、杀人的法场都在西部。原来在天安门的两侧，各有一座门，长安左门在东边，长安右门在西边。科举金榜题名，走长安左门，春风得意。倒霉的犯人则要推出长安西门，到法场受刑。

紫禁城的空间节奏

看看故宫，也就是明清时代的紫禁城，那是刻意设计出来的帝王空间，文化含量很大。

对于空间的布置与利用，有一种手法是体现在建筑与建筑的距离上。故宫里面有空间节奏变化，用来突显重要的建筑。

从天安门到神武门（原称玄武门），是紫禁城的中轴线。在这个轴线上的建筑物的间距并不均衡，这个现象不是偶然出现的。

首先从天安门进去，马上是端门，距离很短。距离短，说明你面前的东西不是那么了不起。因为空间距离要起到衬托作用，大的距离，衬托伟大的东西。

进了端门，出现了大距离的空间，因为面对的是午门。午门是紫禁城的正门，当然要烘托气氛。顺便说一下，在中国古代，圆的门洞不如方的门洞级别高。天安门、端门都是圆门洞，而午门是方门洞。这些空间话语在告诉前来膜拜的人们，尔等将要进入一个非常重要的

太和殿

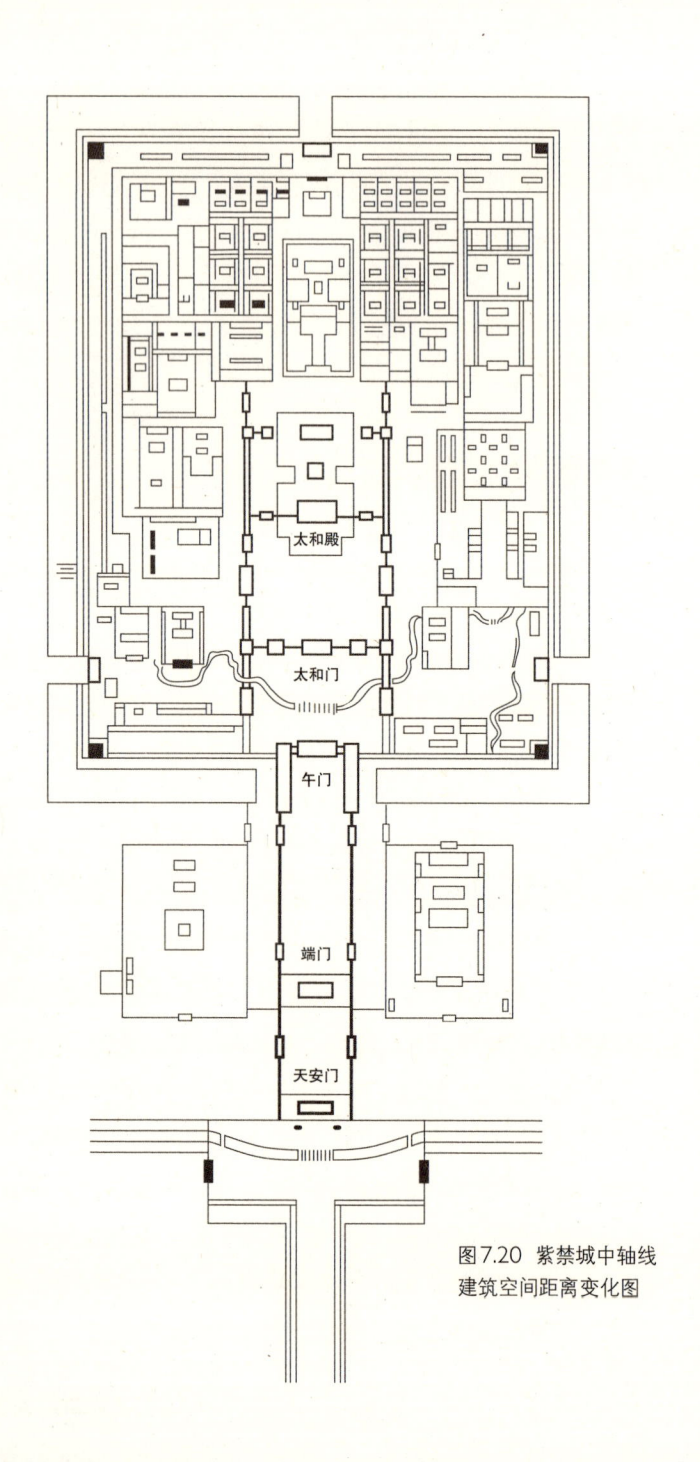

太和门

午门

端门

天安门

图 7.20 紫禁城中轴线建筑空间距离变化图

门阙了。

进入午门，又是一个短距离，面前是太和门，太和门很小，它要反衬一个至高者的出现。进了太和门，是紫禁城中最巨大的空间，远方一座高大宏伟的宫殿，这就是紫禁城里最重要的金銮宝殿——太和殿。

在这条轴线上，空间的大小伸缩变化，给人一收一放的感受。这是一种空间节奏，一节节把眼前的事物推上巅峰。这样一组刻意设计的宫殿空间布置，具有很高的皇权文化表现效力。这是古人运用空间语言的一个很经典的例子。

帝王陵墓

陵墓代表另一个世界,是逝者的世界,在那个世界里也有建筑,是生者世界的投影。

逝者世界的建筑是往下去的,挖大坑(生者是建高台,往上去),皇帝越大,坑越深,百姓的墓坑很浅,就像他们活着的时候房子很矮一样。

陵墓向下的建筑并不是随意的,也有制度。下面的建筑有多大规模,都是与死者活着的时候的身份地位相对应的。同样是皇帝,无能的皇帝与雄才大略的皇帝,其地下的建筑也不一样。雄才大略的皇帝的陵墓都是又深又大的。到咸阳,可以比较一下秦始皇的陵墓和秦二世的陵墓,犹如天壤之别,真是令人感慨!

大人物活着的时候有层层院落,死了之后也是棺椁相套,或多重墓室,与阳间用的是同一套文化观念。棺椁套的越多,墓室越复杂,人的身份、地位就越显得高。层层棺椁之间还要摆设不同的东西,生前喜欢的一些东西,如书、地图、食物、礼器、乐器,甚至奏乐的人,都可以带下去。逝者世界同样是丰富多彩的。最厉害的人物,还要带军队,比如秦始皇陵的兵马俑。

阴、阳两界，好像以大地的表面为镜子，地下的世界相当于地上世界的倒影。秦始皇的地下世界现在还没有全部呈现，一旦全部打开呈现，我们会看到那个世界同样壮观。秦始皇的地下世界有山河象征，有人文珍宝，他企图在那里再建一个自然宇宙与政治帝国共存的完整世界。

司马迁对秦始皇的地下世界是这样描述的：

> 始皇初即位，穿治郦山，及并天下，天下徒送诣七十余万人，穿三泉，下铜而致椁，宫观百官奇器珍怪徙臧满之。令匠作机弩矢，有所穿近者辄射之。以水银为百川江河大海，机相灌输，上具天文，下具地理。以人鱼膏为烛，度不灭者久之。二世曰："先帝后宫非有子者，出焉不宜。"皆令从死，死者甚众。葬既已下，或言工匠为机，臧皆知之，臧重即泄。大事毕，已臧，闭中羡，下外羡门，尽闭工匠臧者，无复出者。树草木以象山。

（穿：凿穿。三泉：地下三重泉，至很深处。下铜：意思是用铜的熔液填塞空隙。臧：同"藏"。机弩矢：能自动发射的弓弩。人鱼：即娃娃鱼。一说"人鱼"即鲸鱼。膏：油脂。从死：殉葬。羡（读 yán）：同"埏"字，墓道。树：种植。）

阅读窗

城市纪念性景观

在中国传统城市中,很少见放射状的街道,但在西方,放射状的街道是许多大城市的特色。说街道,还只是说在表面上,如果往要害处看,中国传统城市里少见的是供大众瞻仰的华丽建筑或纪念物。西方的放射状街道,都是以那些纪念物或标志性建筑为焦点"放射"出来的,人们站在不同方向的大街上,远近都可以感到"焦点"的存在。这些大小不同的焦点,构成城市的空间层次。

在欧洲所谓巴洛克建筑风潮盛行的时代,巴黎、罗马等城市多经历了一番"旧城改造",而改造的重点,便有"焦点"的凸显。意大利罗马城的改建,是文艺复兴的重大事件,里面的波波罗广场,中心立方尖碑,道路放射而出。法国巴黎凡尔赛宫十分壮丽,乃是由放射道路轴心组成的建筑群,其设计特点对欧洲其他城市的规划有很大诱惑力。德国的卡尔斯鲁(karlsruhe)城,建于18世纪初,就是受凡尔赛宫规划的影响,竟从王宫放射出去30多条街道,王宫的尖顶,从30多个方向均可遥望,令最高权力总在视觉之内。

1791年,法国人朗方(L'Enfant)为美国规划首都华盛顿,一方面他要执行费城树立的方格网(grid)模式,另一方面,又必须在首都耸立一批纪念物、象征物。朗方的规划，不是先画出道路网，而是先确定重要建筑与广场的梅花位置，再在它们之间设计放射状直连通道。这些通道不只是供车辆行走，更重要的，用朗方自己的话说，是让"视线畅通"。不用说，畅通的视线不会平白无故放出去，而都是要放射到纪念物、标志物上。这些纪念标志物，一个个蕴涵美感，美感里面又包裹着权威力量。

华盛顿的街道，最终由方格网和焦点放射两套街道叠成。可以想见，在这两套街道的相交处，会形成许多锐角街口，车辆开到这里，转弯找路，都要仔细辨认，麻烦很大。但朗方宁肯这样，为的是保留城市纪念性建筑应有的焦点特征。

西方城市生活中的纪念意识很强，因为是纪念意识，便很容易形成跨越时代的历史积累，城市景观富于很深的历史层次。例如，没有什么实用价值的罗马时代的角斗场遗址被世世代代保留，直到今天。

我们中国传统城市的街道，都要横平竖直，经纬不乱，一转弯就是90度。《周礼·考工记》对都城奠定了规划原则，九经九纬，五个方位，格局里面包含很崇高的礼制，但没有强调要把什么东西"亮"出来。许多威严的宫殿百姓们都知道，但一辈子也没见过。不让看，是中国皇帝做事的方式。

中国古代宫殿建筑再好，百姓至多只能看到房顶，因为有围墙挡着。"衙门口朝南开"，百姓们只知道这些。由于没有多面欣赏的需要，皇帝的宫殿再讲究，两侧山墙也仍然是呆板的。行走在中国的传统城市里，一会儿是高墙，一会儿是闹市，一会儿是宅门，一会儿是深巷，仅此而已。在这样的城里生活，会有什么景观可以在人们心中凝固为崇高，并产生超越时代的价值呢？"金銮宝殿"固然了不起，但大众看不见，它只属于同样看不见的皇帝，而不属于城市，不易转化为城市纪念景观。

在从传统到现代的转变中，中国城市经历了一场"革命"，从建筑材料到功能运作都有一番大变。于是问题也就来了，一方面，原有的东西没有哪一个曾有"纪念物"的属性而被想到保留。另一方面，时代的转变又令所有的东西都可能成为具有历史意义的纪念物。争论由此而引发。

不过，由于城市的发达，城市生活在中国社会中至高地位的最终确立，中国人对永恒性的追求，也开始依托城市了。近些年，我们看到中国城市里的纪念物在增多，纪念性在加强，许多东西被"亮"了出来，这是当代中国城市发展的一个重要特点。

纪念性的本质在于超越时代，越是超越时代，纪念性越强。历史遗产景观以其巨大的时代超越性，而最富有纪念性质。中国城市大多为历史文化名城，祖先留下的遗产，我们可以好好利用一下了。

八 地图与人

一位加拿大女地理学家安妮·戈德莱夫斯卡（Anne Godlewska）对于地图，有这样的体会：

"地图传递信息的方式是其最重要的影响力之一。相比于文字、语言、手势等，地图是身临其境地阅读而不是直线型的。也就是说，当我们想感触我们周围的世界时，我们才看地图。

"在某种程度上，看地图跟你从高高的屋顶上俯瞰村落的方式极其相似。景观和地图的阅读者会立刻寻找方向、比例尺、熟悉的符号或标志并定位任何与自己的经历或知识有联系的东西。当阅读者的目光在地图或景观上移动时，甚至连眼睛运动的方式都相似。

"书本必须要打开并根据长期教导的形式和程序阅读，而地图的阅读不仅直观而且简单。虽然良好的读图能力需要知识和技巧，但地图的确能让许多看不懂课本的人理解。"（《地图论》，载苏珊·汉森：《改变世界的十大地理思想》。）

今天的人们对于地图，太习以为常了。但是地图与人类到底有着怎样的关系，还是需要认真想一想的。

空间表述

对空间做准确的认识,是人类生活中必须要做好的事情。什么是空间认识,就是把事物的空间位置关系看清楚。而更重要的是,自己看清楚了还不算,还要明明白白地告诉别人。这就是空间表述。

举个生活中的例子,我们都有给人指路的经验。指路,就是一种空间表述,做这个表述并不简单,其中有风俗习惯的问题。有些地方的人习惯用东南西北来指路,另有些地方的人不讲东西南北,只习惯讲向左向右。你要是习惯东南西北,听他讲左右,你就乱了。有人习惯左右,你告诉他东南西北,他说他找不到北。我习惯用东南西北的方法,你告诉我向左向右,一拐两拐还可以,三拐以上就乱了。

其实,不管是用什么指标来做空间表述,一个基本的困难是:我们的口头语言是有限的。比如向朋友介绍房子的结构:一共150平方米,进门左转是卫生间,再右转是客厅,客厅右前方是厨房,客厅左边向里是书房,书房右边是主卧……这样讲,一会儿就晕了,说,说不清,听,听不明白,口头语言已经不行了。此时,只要画一张平面草图,一切便赫然在目了。

图8.1 金文中的"图"字，很容易辨识

为了做好空间表述，人们终于发明了空间表述的特有方式：地图。表述一个复杂的空间结构，必须依靠地图语言，地图具有清晰直观的空间表述功能。描述居室是这样，描述城市、国家、世界更是这样。

中文古文字的"图"字（图8.1），在金文中还有其他变体。这个古文字，表示的是某种事物的空间布局、结构。它很像是原始聚落的样子，看来"图"字和聚落空间的复杂化有密切关系，住的聚落变得复杂了，于是就需要图示了。

我们已然没有必要去设想没有地图的情景，因为它对于人类已经是基本的必需品了。在今天看来，地图的基本价值其实还不是指路，而在于它是某一类知识的唯一讲述方式和储存方式。或者说，它是很多情况下必须使用的一种知识载体。知识在地图上，是群体呈现的。我们平常使用的语言，表达能力固然很强，但它最适于

八 地图与人

的，只是描述事情的前后关系，一旦要描述空间关系，要描述"共此时"的知识，困难就出现了。而地图的方法，补上了这个缺陷。这是关键。

为了让地图能承载大范围的空间知识，人类还进一步利用大脑高超的转换能力，将眼前所见的具体而又辽阔的景观、地形、山川、城郭等，微缩为抽象的掌上画面，这又是一个重要发明。

用现代地理学家的术语说，地图是对"所选择的空间信息的结构性再现"。对"空间信息的结构性再现"，话显得很高深，其实，地图是极为质朴的东西。应该说，每一个生活着的人都要使用地图，而每一个有生活能力的人，也都会画一画简单的地图。在街上问路，碰到耐心的人，他会用手指在一个方便的平面上，甚至干脆在空气里，给你比画出一幅路线图。地图专家们认为，这类比画的图示是人类最简单的地图，而在空气中比画的图示则是寿命最短的地图。

当然，也有寿命极长，时间达数千年的地图。人类之使用地图，肇始于没有纸张，更没有印刷术的遥远世纪，那时的地图可以画在地上、石壁上（这两类当然不能携带），以及皮子、木片、泥板、石板（这些还可以携带）等一切可以施展图画的东西上。在我国古代，有人为了表示地形的高下，还有用谷米堆成山丘形状的做法，有些关于地图的书籍，借用这个典故，称为"聚米图经"。可见，为了再现生活的环境大地，古人曾灵活机动地想了不少办法。

中国最早的地图

这里说的"最早",是指迄今所发现了的最早的地图,而不是历史上真正的第一幅地图。第一幅地图在哪里,是不可能知道的。

1986年在甘肃省天水市一处叫放马滩的地方,人们在修建房屋的时候,意外地发现一组战国秦汉墓地。随后考古学家进行了正规的发掘,出土了约400多件文物。其中的一号墓中出土了七幅战国末期的木板地图,它们分别用墨线绘在4块大小相似的木板的正反两面上。这些木板长约26厘米,宽约15—18厘米,厚约1厘米。这些地图依据考古发现的地点,被称为放马滩地图。放马滩地图是目前所见到的中国最早的可携带地图。(图8.2)

放马滩木板地图所画的内容,是战国晚期秦国所属的邽县地区,有河流、山脉、道路、居民点(形状的符号)等。图上还有文字注记,对道里远近、森林的分布进行简略的说明。地图取上北下南的定位。

这七幅地图可分为两组,表现不同的地区。第一组是表现以邽县为中心的渭河上游几条支流所经的地带。第二组表现的是燔史闭(关)(位于秦岭与陇山的交汇

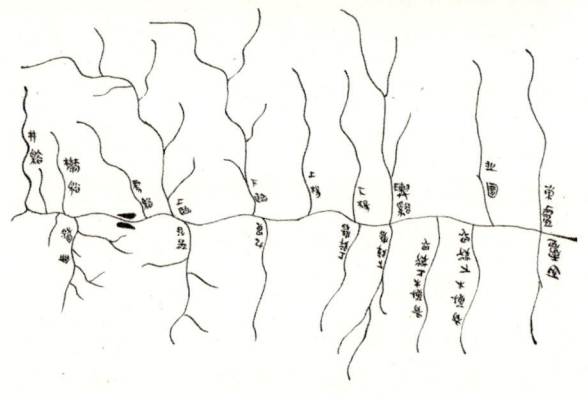

图8.2 放马滩出土地图照片及摹本

处）周围比较广大的一块地区。根据画法和图的磨损程度，考古学家判断，第一组图的绘制时间早于第二组。

放马滩地图的绘制特点，有以下两点值得说。

一是以水系构成图面的总体框架，两个图组都是如此。经对比，图上所画的水系与现代相应地区的水系图基本相似。水系是最容易识别的地表网络，所以在经纬坐标发明以前，水系常常作为地图编绘的基础方位框架。首先把握住了水系，然后再确定其他地理要素与水系的相对位置关系，这样，就可以画出一幅比较准确的地图了。

第二是地图符号使用的成熟。地形、水系、居民点、交通线，这些现代地图的四大要素，在这些地图中都已有了相应的表示符号。小方框内加文字表示居民点，由线条表示河流与道路。地形方面主要是山脉，图上以曲线表示山脊。图中这些符号都是抽象的线条，而抽象化正是地图语言成熟的标志。

另一组重要的早期地图是在长沙马王堆墓葬遗址发现的几幅地图，它们的年龄也已经有两千多年了。

1973 年，因施工，在长沙郊区的马王堆发现了几座西汉时期的墓葬。在其中的第 3 号墓中发现了三幅画在丝帛上的地图。一幅是《地形图》（又称《西汉初期长沙国深平防区图》），一幅是《驻军图》，还有一幅是《城邑图》。其中《城邑图》损坏严重，已很难做整体辨认，而另外二幅图则保存尚可，经过仔细拼对，基本复原出图上的内容。其中《地形图》内容丰富，具有代表性。（图 8.3）

这幅《地形图》长宽各 96 厘米，方位是上南下北，与后来上北下南的普遍做法不同。地图表示的范围主要是西汉初年所封的长沙国的南部，即湘江上源之一的深水（潇水）流域、九嶷山、南岭及附近地区。图的最上

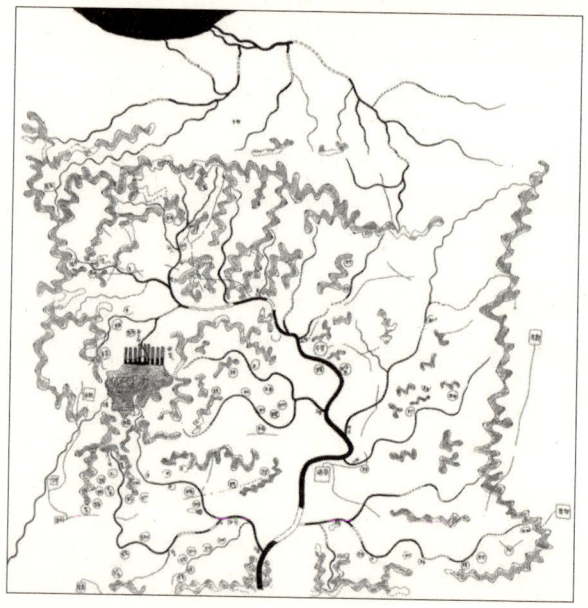

图8.3 马王堆出土《地形图》照片及摹本

部,也就是最南部,还有南海湾的一角。范围真是不小!

图中的基本内容有山脉、河流、道路、居民点等,四要素都齐了。其中水系画得相当详细,共有大小河流30多条,有的还标注了名字。河流的上游线条细,下游线条变粗,很直观。图中主要部分的河流形势,诸如弯曲部位、支流与主流的交汇点等,都接近今天的地图。

图上的居民点有80多个,而且用方形符号和圆形符号表示不同的等级,方形符号代表县级。圆形符号代表低一些的乡级。名字都写在符号里面。

山脉的表现方法也很醒目,由折曲的闭合粗线条表示,以显示峰峦的错落。图的主要区域几乎为山系围绕。

图中道路有20多条,县城和重要的乡里之间都有道路相连,一般用细线表示。

除了以上基本的四要素,还有一些特别的东西。

差不多在中部偏东(左)的位置,有一组柱状的图形,旁边有两个字"帝舜"。这就出场了一位圣贤人物。柱状的图形代表什么?学者们有不同的推测。有人认为那是九嶷山的符号,那些柱状图形表示高度不同的山峰。另一些人认为,据《水经·湘水注》的记载,九嶷山"南有舜庙,前有石碑,文字缺落,不可复识"。那么,图中的"帝舜"应该是指舜庙,那些柱状图形正是庙前的石碑。因为舜是圣贤,地位至重,所以在图上特别标出。两种观点现在仍在争论之中。(据湖南考古学家介绍,在相当于地图"帝舜"这个地理位置,确实发现有古代建筑遗址。)

上面介绍的两种地图都是在古人的墓葬中发现的，也就是说，它们是死者的陪葬品。他们为什么要这样做？

在古人的理解中，人死去，并没有彻底消失，而是到了另一个世界。所以，选择物品随葬，一是寄托对原来生活的留恋之情，另外，生命在另一个世界的持续，仍然需要这些重要的东西。地图被选作随葬品，说明它在这两个方面的重要性。不过，与其说是逝者对于地图的留恋，毋宁说是对地图上表示的地区的留恋。这个地区一定在他们的人生中具有特殊的意义。

据研究，放马滩墓葬的主人名字叫丹，曾在邽县、燔史闭（关）一带生活做事，这几份地图很可能就是他自己画的，并与他的某些重要经历有关，于是成为人生纪念性的物品。丹只是个基层的普通人，木板地图也并不名贵，但对于他，已经不容忘怀了。

马王堆地图属于当时作为长沙国丞相利仓的家族，长沙国是他们统治管理的独立王国，当然属于"核心价值"。丝帛地图十分名贵，这既显示了地理区域的重要性，也显示了他们荣耀的社会地位，而更重要的，是象征着他们对于这片区域的统治。

地图与政治

稍有历史知识的人都知道，秦始皇险些死于荆轲的匕首之下。本该谨慎的秦始皇为什么这一次让荆轲如此近身，因为荆轲手里拿着一张地图。另外，刘邦大军兵破咸阳，武夫将士都去争抢秦宫里的金银财宝，独有政治家萧何埋头收集地图。这都说明，地图于统一天下、治理国家，至为重要。在中国古代，地图乃军国大事，归兵部的职方司管理。

特别是在早期历史中，由于社会知识文本中地图的积累还很不够，所以地图的珍贵性更加明显。在史家的记载中，在出现政治军事大事的时候，地图常常在场。

《史记·淮南衡山列传》："王日夜与伍被、左吴等案舆地图，部署兵所从入。"这是汉武帝时，淮南王刘安准备谋反，日夜与谋臣策划进军路线的场景。

《汉书·李陵传》：汉武帝天汉二年（公元前99年），汉将李陵"将其步卒五千人出居延，北行三十日，至浚稽山（在今蒙古国土拉河、鄂尔浑河上游以南一带）止营，举图所过山川地形，使麾下骑陈步乐还以闻"。这是讲汉代名将李陵远征匈奴时，一边行军，一边观察山川地形，并画成地图，派人汇报朝廷。在这里，地图是头等重要的军事信息。

《后汉书·马援传》：东汉建武八年（公元32年），汉光武帝将要出征隗嚣，"援因说隗嚣将帅有土崩之埶，兵进有必破之状。又于帝前聚米为山谷，指画形埶，开示众军所从道径往来，分析曲折，昭然可晓。帝曰：'虏在吾目中矣。'明旦，遂进军至第一，嚣众大溃"。这是一段著名的故事。马援与光武帝讨论战事，由于没有现成的地图，马援用米堆成山谷地形的样子，讲解形势，说明进军路线，分析迂回策略，讲述十分清楚。汉光武帝听后说道："敌人都在我眼皮底下了。"第二天早上，进军到"第一城"这个地方开战，敌人大败。

马援急中生智，用谷米堆出地形，此事成为典故，后人常常引用。明朝人陈瑚作了一首关于地图的诗《李映碧廷尉遗地图》：

图画三川感慨多，边陲风景近如何？
入关无复萧丞相，聚米空思马伏波。
两戒一江横似线，九州五岳小于螺。
错疑留守魂归夜，风雨声声唤渡河。

（萧丞相，就是萧何，他随刘邦进入关中之后，到秦朝的宫殿中搜集地图。马伏波，就是马援，马援被封为伏波将军。两戒，唐朝一行和尚认为在大地上有两条界线，一南一北。一江，长江。）

在古代，地图很少，不是什么人都可以得到。所以对于很多人来讲，认识一个地区，往往只是凭文字（或口头）的描述。我们知道，这样的描述，不清楚，不解决问题。对于政治家、特别是军事家来说，一个没有地图、完全模糊的地方，简直是无法涉足。对一个模糊区域做管理，不会有清楚的头绪；到一个模糊的地区作战，更是十分危险。在这样的时代，有了地图，几乎是成功的一半。

当然，围绕地图发生的事情，并非总是政治，手执地图者也并非只有政治家。尤其是到了历史的中后期，地图绘制已经比较普遍，特别是一些文人，可以自己独立设计、绘制、编辑地图，再加上印刷术的发明，简单的地图可以重复印制了。这样地图又有了文化作品的性质。

地图不是中性的

中性，就是不偏不倚，地图不是这样的东西。

地图可以说是人的一种空间表述方法，具有文化属性。阅读古今地图，会在地图里面发现很多文化的内容。你有你的文化，我有我的文化，我们画同一个空间范围，同一个地区，因为我们有不同的文化，我们画出来的空间内容是不一样的。

另外，对于空间的表述、叙述，实际上还包含着一种话语权。这就扯到另外一个话题上了，这里简单说一下。叙述过程实际上是一个文化占有过程，叙述完成了，文化占有也随之实现。举两幅上海地图为例。

这两幅上海地图（图8.4），是19世纪后半叶，分别由洋人和中国人画的。中国人画的上海，以县城为主体，虽然这个时候的上海已经成为通商口岸，外国租界区已经出现，但中国人就是不画。不画租界区，表示不承认，表示中国人对上海的百分之百地拥有。而洋人画的上海，把租界区画得非常清楚，下面的圈是上海老城。似乎洋人画得比较客观，但仔细看，不然。洋人在城里标注了教堂、医院，但没有县太爷的衙门，其他一些中国人认为比较重要的东西也没有。

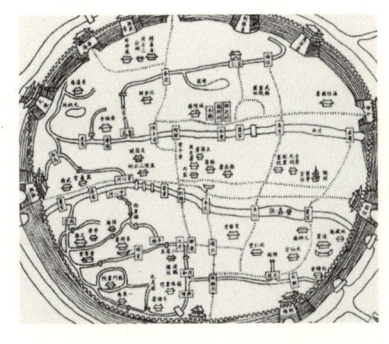

图8.4 两幅19世纪后半期绘制的上海地图,左图是中国人绘制的,右图是洋人绘制的,所表现的内容很不一样

两幅图的主要差异在于表示城内外信息的指标上。中国人作图,中心位置是县衙,而在洋人图中,在中央首席位置的是大教堂与伦敦慈善会。洋图将县衙略去,等于无视中国主权的存在,无视中国政权的存在,别忘了,当时还是清朝。另外,洋人用基督教堂取代中国寺庙,这又是文化上的占领。这是他们殖民主义政治、文化的表现。

到底哪幅地图代表真正的上海?看来,地图编绘的目的,不是在表现客观事实,而是利用客观事物来建构某一种思想事实,表述某一种立场。两幅上海地图所表述的空间性,即空间的社会属性、文化属性,是不一样的。

我们再看世界地图。

关于地球表面这个世界大空间,即使是最科学性的经纬网络,也并非如看起来那样的公正。回顾历史,在

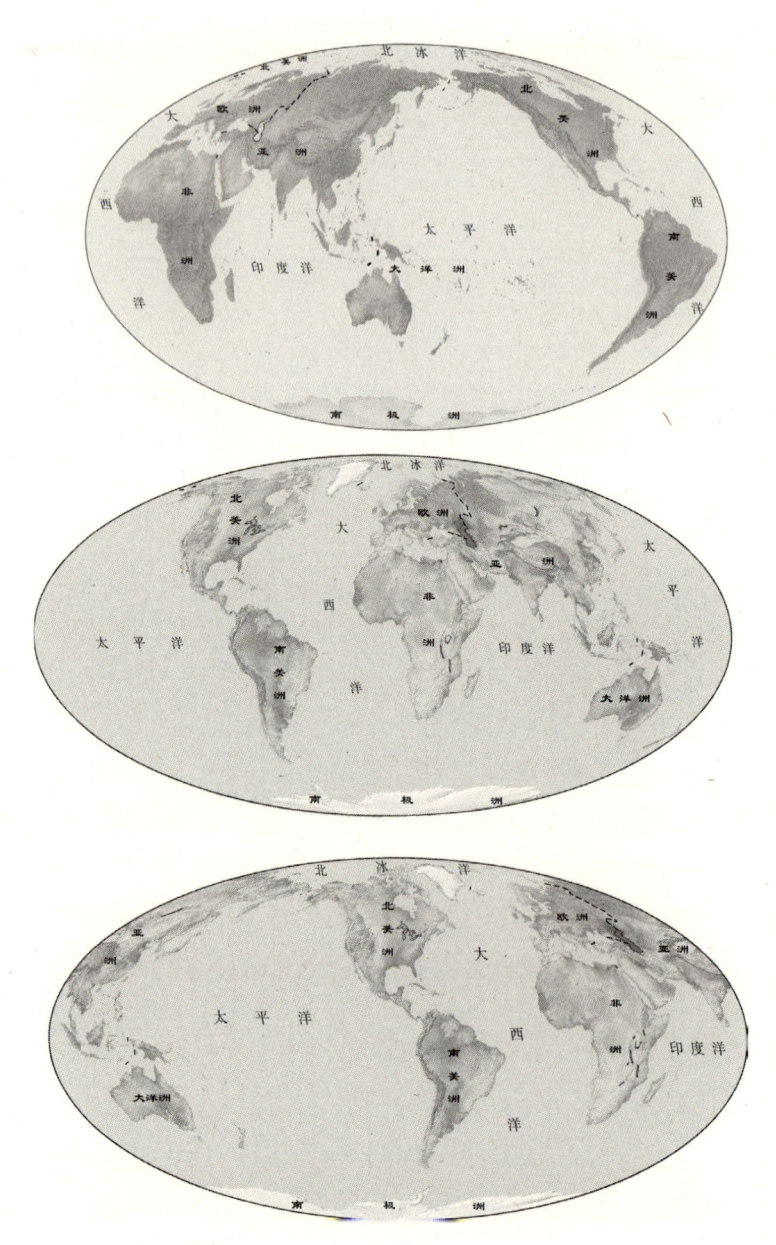

图8.5 分别以亚洲、欧洲、美洲为中心的"世界地图"(示意图)

图8.6 联合国的图标

设定本初子午线的位置时，古希腊人定在罗德岛，而近代的英国人则定在格林尼治。此外，还有许多不同国家的不同设定，反映了"以我为主"的立场。

比较一下不同国家编绘的世界地图。（图8.5）亚洲版世界地图，这是我们最熟悉的世界模样，亚洲在中间，这幅图是亚洲人画的。欧洲人画的世界地图，则把欧洲摆在中间，往东看是亚洲，往西看是大西洋，很直观。那么美国人怎么画呢？美国人的世界地图是把美洲放在中间。欧亚大陆被分成左右两半，摆在地图两边，看起来很别扭，亚洲与欧洲的关系并不直观，图面上左右两端的地方看起来最远，事实上是最近的。这些都是很实用的表述方法，给谁看，就以谁的视角为基准，把它放在最方便位置上。

那么联合国的世界地图怎么画？联合国不能站在亚洲立场，也不能站在欧洲立场、美洲立场。所以联合国

八 地图与人 283

的地图不是随便画出来的，是动了一番脑筋的。好在地球是圆的，联合国的世界地图选择的基准视角是北极圈，以北极圈为中心，来表现世界，以说明联合国是最公正的。（图 8.6）

　　无论从哪个角度画地球，在许多场合，世界就是那幅无言的地图，是我们很熟悉的一个形象。如果上面再画上一只鸽子，小学生以上的人都会明白，这是在赞美世界和平。这里，地图已然脱离了它本来的意义，而上升为另一种符号。在许多庄严神圣的正式图案中，都有地图的形象，直接、简单、明快地声明事情的性质。

中国地图上的长城

鲁迅在《长城》一文中写道:"伟大的长城!这工程,虽在地图上也还有它的小像,凡是世界上稍有知识的人们,大概都知道的罢。"

我们中国人看自己国家的地图,看到北方蜿蜒的长城的"小像"已经是习以为常了。不过细想一下,长城既不是自然的地貌形态,也不是人类的聚落、交通线,在地图上画它,确实有点特别。

比如一本丁文江、翁文灏、曾世英早年编纂的《中国分省新图》(亚东图书馆1936年版的地图集),前面的一幅《政治区域图》上就画有长城,可我们知道长城不是政区标志;下一幅《地形总图》上也有长城,而长城也不是地形;在随后的《交通总图》《重要矿产分布图》也都表示了长城,长城更不是矿产。这种无论什么图上都标长城的做法,今天更是屡见不鲜。看来,长城已成为中国"底图"上的一样东西,无论是画人文政治地图,还是画环境资源地图,都要习惯地标上这样一个"基本"的东西。

中国人画长城的"习惯"是什么时候开始的?翻检一下古代的地图,我们发现宋代的一幅《华夷图》上

八 地图与人　285

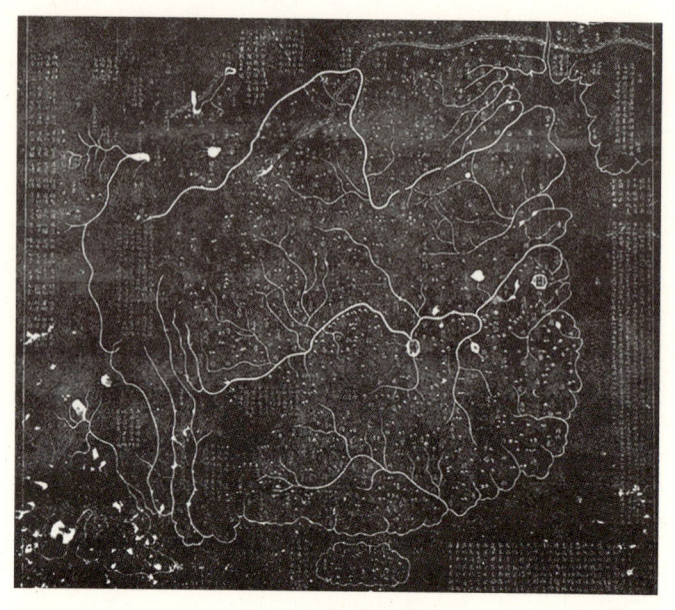

图8.7 宋代《华夷图》

已经有了长城。(图8.7)《华夷图》是刻在一块石板上(现藏西安碑林博物馆),石板的另一面还刻有一幅《禹迹图》,两幅图为同一年(1136年)所刻,《禹迹图》先刻,在石板正面,《华夷图》晚刻几个月,在背面。奇怪的是,所刻的《华夷图》是倒刻,即头朝下的,研究者据此认为这块图石不是供人观览的图碑,而是供拓印用的图石。

《禹迹图》与《华夷图》虽然大体上是同时刻上石板的,但面貌很不一样,河流、海岸的画法大为不同,可能有不同的来源。《禹迹图》上面没有长城,《华夷图》上则不但华北有长城，西部的居延也有长城（这是汉长城的一段），符号取城墙上的垛口状，一看就明白。这幅宋代《华夷图》是现在所见最早的标有长城的全国地图之一。有学者推测，《华夷图》很可能是根据唐代贾耽的《海内华夷图》绘制的，但贾耽的《海内华夷图》早已失传，上面有没有长城，已无法确知。

在今日尚存的其他宋代全国地图上，大多也画长城，如保存到今天的《历代地理指掌图》，是一部包含40多幅地图的地图集，几乎张张地图都画有长城。看来地图上画长城的做法至少在宋代就已经定型了。值得我们注意的是，宋代并不是一个修建长城或利用长城进行防御的朝代，但宋人的地图上却普遍出现长城，这说明什么？

长城是一项伟大的人类历史遗迹，它绵延甚远，跨越巨大空间，地理表现直观而强烈，绘制地图的人几乎无法回避它，这可能是地图上出现长城的基本原因。宋人词中说："三朝幸望人倾祷。寿与长城俱老。"（吴则礼《绛都春》）前朝留下老长城，宋人时有感慨。但宋人词中又说："胡马长驱三犯阙，谁作长城坚壁。万国奔腾，两宫幽陷，此恨何时雪。"（黄中辅《念奴娇》）宋人面对老长城，又不仅仅是怀古，北方"胡马"（女真）威胁尤在，两宫（徽钦二宗）幽陷未安，宋人希望长城"活"起来，以限胡马而雪破国之恨。想象宋人在观看地图上的长城时，心情一定是不平静的。据说南宋选德殿御座后金漆大屏的背上也有一幅《华夷图》，这幅《华

八 地图与人

夷图》上如果也绘有长城,则其意义之大就更加可观了。

我们不知道契丹、女真人看到长城时的心情。传世的金朝《陕西五路之图》中有长城,后来元、明、清各朝的地图都有画长城的,这渐渐成为一种不易的传统。长城的军事地理作用在中国历史中时兴时灭,有些王朝没有修筑也没有使用过长城,但有关长城的认知、议论,借助长城而抒发的北方边塞情感,如同长城的遗迹一样,从没有消失。从这个意义上说,长城一直活在中国人的心中。

长城是中国北方地理的一个重要象征,在地图上画长城,中国人从不认为是多余。从地图的技术角度说,长城的走向比山脉清晰,比河流稳定,是难得的地理坐标。清康熙皇帝推进实测地图的编制,在中国地图发展史上具有划时代意义,而其首次实验性测量就是邀法国人白晋从京师北部的长城地带开始的。

如今,把长城列入中国地图的"底图",其文化地理意义是最重要的。历史常常把各种人类的创造物,在它们的使用功能丧失之后,转入文化的范畴。在没有战争的和平时代,人们发现长城蜿蜒的身躯与起伏的山脉结合得如此完美,这样一个穷极视野尚不能尽收的独一无二的文化景观,在地图上不表现则是一个缺憾。长城现已成为世界性的文化遗产,外国人编制的中国地图,也要画上长城的"小像"。长城在地图上占据了永恒的地位,正说明长城在人们的心中占据了永恒的地位。

康熙《皇舆全览图》

康熙（爱新觉罗·玄烨）当皇帝61年，做了许多事情，这里讲他推动新式地图绘制的事情。这件事，在中国地图发展史上十分重要。

在中国古代，绘制地图是很发达的一件事，各色各样的地图很多。不过，由于缺少好的测绘手段，那些地图虽然精美，却不够准确。应该怎样把地图画得准一些，古人有过很好的总结，比如魏晋时代的裴秀就提出了"制图六体"，说明画地图时需要处理好地物方位、地形高低、道里曲折、图面比例等麻烦问题。该说的差不多都说了，但是有一条，怎样做测绘而获得准确的原始数据，仍是一个没有真正解决的问题。

地图测绘，主要是弄准大地表面的距离，特别是直线距离，这一点在画地图的时候尤其重要。测量直线距离，近的还好说，远的怎么办？用步测，用目测都是有限的。不可想象一个百里、千里见方的地区，用脚步或眼睛就可以测量出各地之间的距离。中国的江山何止百里、千里。

中国古代有一些利用"南北使正""同日度影，得其差率"的办法测量大地南北距离，但地图上是全方位的距离关系，只有南北的数据是远远不够的。

魏晋的裴秀、唐朝的贾耽都曾提出实际的一百里在图面上只画一寸的办法，叫"计里画方"，这应该是先进的比例尺思想。但如何在地上准确地卡出100里，然后再到图上折成一寸的小距离，这还是问题。如果不知道准确的实际数字，就在地图上折来折去，也还是准不了的。

到了明朝的时候，一些西方传教士带来了一些先进的经纬度测量和三角测量的方法，地图测绘才开始改进。不过，洋人的测量方法只是局限在很小的人群里。大多数中国文人满足于传统地图，它们像画一样，好看，至于准不准嘛，看着差不多就行了，老祖宗不都是这样嘛。这是既没有主观的需要，也没有实践的需求。还有，他们对经纬度测量那一套也弄不懂，就更没有什么兴趣。

这种情况到康熙皇帝的时候却变了，原因之一是康熙皇帝本人喜欢数学，水平还很高。

康熙皇帝对西方传教士还比较宽容，对他们讲的新鲜奇怪的知识，也还听得进去。特别是对一些"格物"的知识，即关于自然事物的知识，很感兴趣。这里主要说数学。

康熙脑子好使，本来就喜欢数字这种东西，因为常常摆弄数字玩，算盘打得很好，这在皇帝里面实在少见。对于传教士讲的新鲜数学，康熙格外着迷，传旨这班教士定时进宫讲授。

最初，洋人在讲西式数学时，没有现成中文词对应，

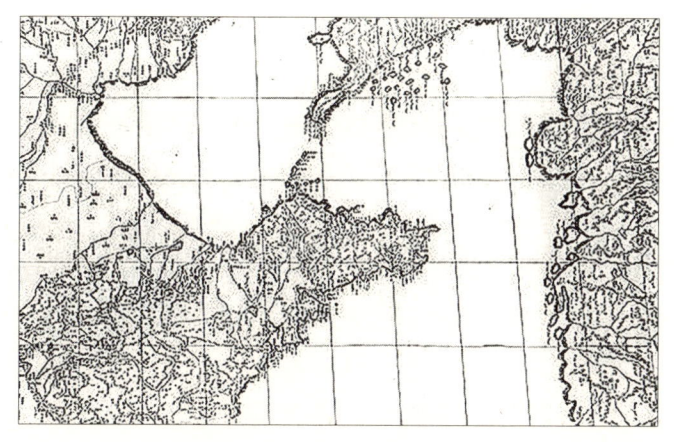

图8.8 康熙《皇舆全览图》(局部)

一会儿这么说，一会儿那么说，康熙听得很费劲。于是康熙自己想出一些术语，令教士们专事专用，这样讲，清楚了许多。其中有些数学术语一直沿用到今天，我们上数学课的时候，都学用过，比如"一元二次方程式"中的元、次，就是康熙发明的词儿。

康熙听说传教士们有精确测量法，可以编绘准确的地图，大为好奇。他先让传教士们在北京附近做一下小范围的实验，测绘一下长城什么的，他对结果做了验证，认为的确可信。于是1708年正式颁旨，成立测绘班子，由洋人指导，在全国范围内进行测绘，并编制新的地图。

这一次，测绘人员以天文观测与星象三角测量方式进行，获得一手数据，然后采用梯形投影法绘制地图，采用比例是四十万分之一。地图于1718年初步完成。

八 地图与人

（由于蒙古准噶尔部尚未归属，当时新疆一带没有能详细绘制，直至乾隆皇帝的时候，两次派遣专人详细考察，才最后补全。）新的地图编制出来，称作《皇舆全览图》。（图8.8）地图描绘范围东北至库页岛，东南至台湾，西至伊犁河，北至北海（贝加尔湖），南至崖州（今海南岛）。这是中国第一幅比较准确的全国地图。

可惜的是，这次地图编绘，主要是满足了康熙的个人兴趣。这份高水平的全国地图随后被放入深宫，社会上并无人应用。尽管如此，这份康熙地图仍然被写进中国地图史，而且有着非常重要的地位。

阅读窗
康熙的两件事

这里介绍的康熙的第一件事情是培育优良稻种。这件事是康熙自己记录下来的。康熙亲自撰写过一本书，叫《几暇格物编》。在这本书中康熙写道：

"丰泽园中有水田数区，布玉田谷种，岁至九月始刈（yì，割）获登场。一日循行阡陌，时方六月下旬，谷穗方颖，忽见一科高出众稻之上，实已坚好。因收藏其种，待来年验其成熟之早否。明岁六月时，此种果先熟。从此生生不已，岁取千百。四十余年以来，内膳所进皆此米也。"（颖，穗尖，刚露头。）

康熙吃了几十年自己培育的稻米，想必别有钟爱。而那些在大内生活着的皇亲国戚们，又有哪个敢说不好吃呢。不过，据说康熙培育出来的就是有名的"京西稻"，这种稻米若用玉泉山的泉水来煮，也真的是色味俱佳呢。

第二件事，康熙论证长白山与泰山的关系。这件事情却不是那么对头了。

长白山是满族信仰的圣山，在东北地区位列第一。当满族统治者入主中原之后，要做一番文化整合的工作。其中就包括了山系的整合。这件事是康熙亲自出马做的。

康熙是这样写的："地理家亦仅云泰山特起东方，张左右翼为障。总未根究泰山之龙，于何处发脉。朕细考形势，深究地络，遣人航海测量，知泰山实发龙于长白山也。"康熙的这一理论称为"泰山龙脉论"。出于对长白山的敬重，康熙还下诏，将长白山的祭祀级别提高到岳山的级别，也就是最高的等级。

大多满汉臣工对康熙的"泰山龙脉论"是表示赞成的。他们认为自己大大受到了启发，说："圣祖仁皇帝御制《泰山龙脉论》，范水模山，大启群蒙矣。"

泰山是华夏名山，为五岳之尊，有"泰山为龙"的美誉，在政治文化上，有很崇高的象征意义。为了将自己的统治与华夏正统对接，康熙提出长白山与泰山本是一条龙系的说法。这样说的目的就是用山系的一体化来隐喻政治的一统化。

康熙这样讲，在政治上自然无人敢反对，所以一直在朝廷中流行。但到了清室退位，民国建立以后，康熙理论的政治意义不再需要，于是新一代地理学家们从学术上，要来做一次纠错的工作了。其中最有名的是地质地理学家翁文灏，他在1925年发表了一篇文章《中国山脉考》，里面写道："前清帝者遂创为泰山导源长白之说，以自尊崇其发祥之地。一时学者亦殊无以难之。……在今日地质学观之，则长白山与泰山，岩古时代成因盖无一同者。"

翁文灏以全新的地质学理论，用现代科学的眼光，对山脉进行新的界定，所谓山脉，是由地质构造、历史成因等因素构成，而不是看起来的样子。新式科学理论的介入，标志着关于泰山山脉的讨论，终于摆脱政治的色彩，而朝纯科学的研究前进了。